作者与乔家大院第七代传人乔平生女士合影

作者与乔家大院董事长唐银龙先生及内蒙古知名企业家乔秀丽女士合影

作者第六十二次造访乔家大院，并与乔家大院总经理宇文峥明先生合影

作者与乔家大院副总经理戎林宏先生合影

作者与乔家大院酒业董事长高永亮先生在乔冯烧麦
（作者策划的乔家大院系列美食品牌之一）合影

作者与乔家大院酒业董事长高永亮先生合影

乔冯烧麦乔家大院旗舰店开业前，作者携团队拜访乔家大院总经理宇文峥明先生

包头乔冯烧麦旗舰店开业前夕，作者率团队第六十一次造访乔家大院

作者与乔冯餐投集团董事杨建平先生一起考察乔家大院

作者与乔冯餐投集团董事长张嘉睿先生在乔家大院合影

作者携乔冯餐投集团原创董事会成员考察乔家大院

作者携乔家大院系列美食品牌设计团队考察乔家大院

作者第三十八次考察乔家大院（一）

作者第三十八次考察乔家大院（二）

作者第五十八次考察乔家大院

作者与乔家大院金牌导游合影

乔　家　商　道

冯耀龙·著

地震出版社
Seismological Press

图书在版编目（CIP）数据

乔家商道 / 冯耀龙著 . -- 北京：地震出版社，
2021.8
ISBN 978-7-5028-5179-8

Ⅰ . ①乔… Ⅱ . ①冯… Ⅲ . ①晋商—商业经营—经验
Ⅳ . ① F729

中国版本图书馆 CIP 数据核字（2019）第 289348号

地震版 XM4534/F（6116）

乔家商道
冯耀龙 著
责任编辑：王亚明
责任校对：凌 樱

出版发行：地 震 出 版 社
北京市海淀区民族大学南路 9 号 邮编：100081
发行部：68423031 68467991 传真：68467991
总编室：68462709 68423029
证券图书事业部：68426052
http：//seismologicalpress. com
E-mail：zqbj68426052@ 163. com
经销：全国各地新华书店
印刷：水印书香（唐山）印刷有限公司

版（印）次：2021 年 8 月第 1 版 2021 年 8 月第 1 次印刷
开本：710 × 960 1/16
字数：211 千字
印张：16.5
书号：ISBN 978-7-5028-5179-8
定价：48.00 元

前　言

“晋商”在中国历史上有着举足轻重的地位，尤其是对于清朝而言，晋商左右着清朝的金融和政治格局，堪称清王朝的“金库”。在众多晋商中，有一支在包头发家的乔家，他们靠豆腐起家，后经营范围逐渐扩大，下至百姓生活的油盐酱醋茶，上至国家经济命脉的票号钱庄，由此建立起乔家的商业帝国。乔家对中国历史和经济影响至深，其经营模式和经营规模不仅在清代独树一帜，在现代也能够给企业诸多启示。本书的创作缘由，一方面是向读者介绍乔家的商业传奇；另一方面是将乔家的经商之道呈现给读者，希望读者能够产生关于经营理念的一些理性思考。

乔家的成功是几代人的努力，其中不仅有开疆扩土的乔贵发，还有历代乔家人的努力，更有乔家的掌柜和伙计的支持，如此才能够成为一代晋商的代表。乔家的成功不仅体现在商业上的成功，还体现在管理体系和经营理念上。

乔家的代表人物乔致庸将经商之道提炼为“气忌燥，言忌浮，才忌露，学忌满；胆欲大，心欲细，智欲圆，行欲方”。这几条指的是乔家人做人经商要心细稳重，做人做事要有原则，任何时候都不能放弃原则，要先义后利。这是乔家几代人坚持的“以人为本”的经商理念，也是乔家备受好评的基石。除此之外，乔家还特别重视“相与”的合作方式，它指的是商家之间互惠互利的合作方式，与如今的“共赢”理念如出一辙。

我们从热播电视剧《乔家大院》中了解到的乔家，有许多演绎的成分，真实的乔家大院不仅更为戏剧性，也更让人动容。从无到有，兴盛灿烂，再由盛转衰，乔家的经历一波三折，引人入胜。从乔家的历史也能够瞥见清朝的政治、经济制度和民生方面的内容，让我们大开眼界。

虽然生长在封建时代，乔家的经商之道有着自己的时代局限性，但是其有着超越时代的特点，许多理念和培训方式时至今日仍然适用。本书以史料记载为基础，详细介绍了乔家的点点滴滴，包括乔家的主要人物、经营范围、经营理念和官商合作等，为读者揭开乔家和晋商的神秘面纱，让读者在兴趣中了解乔家人和乔家故事，同时也能从乔家和晋商的传奇经历中得到一些启发。与传统的晋商和乔家相关的书籍不同，本书不着重煽情，史料详尽，尽可能展现乔家的多个方面，让读者了解这个大家族的生活趣事和经商之道。乔家子弟鲜活的人生与历史事件交叠，书中尽量完整地展现他们所参与的整个事件的来龙去脉，让读者了解他们的处境和心境，从而理解他们的选择。也希望读者能在茶余饭后、闲来无事之时翻起本书，多一份思考。

目　录

第三章 建立乔家的商业帝国

第四章 乔氏的决胜时刻

第五章 危机即将到来

第六章 乔家的继承者们

第一章

乔家商道的起源

◆ 包头走出来的好后生

祁县位于山西省中部，地势平缓，水源充足，土地肥沃，人口稠密，是山西省内为数不多的富庶之地，被誉为中国的玻璃器皿之都，也是晋商文化和万里茶道的发源地。在灿烂的历史长河中，祁县人才辈出，其中有东汉末年设美人计诛杀董卓的司徒王允，有唐代著名文学家王维、温庭筠……如今，祁县城已经是国家历史文化名城，而位于祁县的乔家大院则成为全国重点文物保护单位。历史悠久的祁县以丰富的人文传承影响着一代又一代人，无数的先贤忠善成为年轻人效仿的榜样，而晋商在这里的发家史也成了中国商业经济发展的独特风景。

提到乔家大院，就不能不提乔氏家族。根据考证，乔家是祁县乔家堡村的原住居民，至少在明朝洪武年间就来到这里安家落户，而乔贵发就是乔氏家族中第一个打响名号的人。

康熙末年，乔贵发出生在乔氏家族中一个人丁不旺、家道中落的分支中。父亲乔壮威当家时不仅穷困潦倒，而且膝下无子。为了延续香火，乔壮威夫妇到处求神拜佛、遍访名医，直到中年才得一子，这就是乔贵发。乔壮威夫妇对这个孩子视若珍宝，然而好景不长，乔贵发先是七岁丧父，接着十岁丧母，成了孤儿的他开始了吃不饱穿不暖的生活。走投无路的乔贵发去东观投奔外祖父，开始了一段苦涩的童年生活。

因为父母没有留下遗产，乔贵发自然就成了外祖父一家的累赘，饱尝寄人篱下的生活。外祖父认为乔贵发是个外姓人，等于平白无故为外人养活后代。舅舅和舅母对他也不待见，只有外祖母心疼他，这让乔贵发灰暗的人生中总算多了一丝亮光。

童年本该是天真无邪、被父母宠爱、自由自在和小伙伴玩耍的人生时光，然而乔贵发体会不到这些，他非但没有机会念书，反而成了什么活儿都干的小杂役，喂猪、扫院子、拉车卖豆腐……这些都落在了一个孩子的肩膀上。不仅如此，乔贵发还得学会看外祖父一家人的脸色。唯一值得庆幸的是，乔贵发和舅舅学习做豆腐，积累了一些小本经营的常识，为他日后的起家打下了基础。虽然苦难的童年夺走了原本属于乔贵发的欢声笑语，但是让他历练出了坚韧不拔的性格。

一转眼便是四五载，此时的乔贵发已经长成了一个健壮的小伙子，而外祖父和外祖母相继离世，舅舅一家不愿意再养着他，乔贵发只好孤身一人回到了乔家堡。

回到乔家堡以后，乔贵发先是把荒芜的院子收拾一新，然后将家里的田重新翻种，从此开始了自种自收自食的生活，虽然日子清苦，但是毕竟无人管束，不用再看他人脸色。在地里摸爬滚打了几年以后，乔贵发成了一个头脑机灵、干活卖力的年轻人。因为自家的地不够种，乔贵发还经常打些短工，春天帮人家扳轱辘浇地，夏天帮人家收麦子，赚了些钱财，自己一个人倒也过得自由自在。

虽然能吃饱穿暖，但这对于乔贵发来说仅仅是“活着”而非“生活”，已经十七八岁的他总要考虑自己日后的人生发展，也要娶妻生子，而以他目前的状况根本得不到这些。和同龄人相比，乔贵发没有父母关爱，也没有叔伯兄弟帮衬。眼看着和自己年龄相仿的后生一个个成了家，乔贵发心里也感到苦闷，更何况他认为自己论头脑、论身体都是出类拔萃的，凭什么别人能得到他就没有呢？

和所有的年轻人一样，乔贵发也憧憬爱情。由于父母去世早，相较于其他人，他更加向往家庭的温暖，他想到了成家。但是父母早逝、无依无靠的他让许多人家打了退堂鼓，这让他第一次感受到家庭的重要性，也首次品尝了属于成年人的孤独。

残酷的现实会慢慢磨灭一个人的自信心。乔贵发对自己的认可得不到社会的赞同。不管如何卖力气干活，他还是村子里最不起眼的一个。时间一长，乔贵发就产生了强烈的自卑心理，跟同龄人走在一起总觉得自己矮一截，连说话都没有底气了。

村子里的生活质朴、简单，谁家有了红白喜事，村民都相互帮忙，加上乔贵发年轻力壮，更是村里的好帮手。和干农活相比，这种工作又热闹又有吃有喝，乔贵发倒也乐在其中。不过时间长了，眼见着越来越多的人成家立业，乔贵发内心的孤独也进一步发酵。毕竟在封建社会，“光棍汉”不是一种简单的调侃，而是一种社会歧视。

对富人家的孩子来说，可以先成家再“继业”，因为父母早就给他们打开了人生的通道。但是对穷人家的孩子来说，不能“立业”就没资格成家。

这一天，乔贵发帮村里人忙完了喜事，孤身一人回到家里，盘算着自己开个豆腐坊。为什么会想到开豆腐坊？那是因为乔贵发被走街串巷的卖货郎唤醒了一段童年记忆：跟着舅舅沿街卖豆腐。于是，年纪轻轻的他开始展现出不安分的一面，他和其他“头脑发热”的青年一样，想赚大钱娶媳妇。东问西问之后，他并未找到一份高收入的工作，随即便想道："难道不能自己干吗？"

乔贵发的确可以自己干，但他首先要有创业的本钱，为此，乔贵发舍下面子去找亲朋好友借钱，结果不仅没借到钱反而被人冷言冷语地嘲笑了一番。无情的世态像一盆冷水，迎头浇灭了乔贵发刚刚冒出来的创业热情。

除了乔贵发之外，此时的中国正有许许多多与他一样的年轻人，他们有着更活跃、更为自力更生的想法，不顺从"天命"。一股不服输的精神在乔贵发体内觉醒，他自知没有人可以依靠，凡事只能靠自己，所以他更加渴望成功。但是，每个人的人生路径不同，有的是创业之初就遇到贵人相助，结果一帆风顺，最终登临人生巅峰；有的在创业之初就不断遭遇挫折，最后心如死灰，从此一蹶不振。乔贵发的创业梦被扼杀，既有社会的原因也离不开时代的桎梏。

中国在明清时期出现了现代商业的雏形。著名作家、新文化运动的先驱夏衍在谈到中国民营经济的初期时，有过一段很著名的描述。他在《野草》中这样写道："它为着向往阳光，为着达成它的生之意志，不管上面的石块如何重，石块与石块之间如何狭，它必定要曲曲折折地，但是顽强不屈地透到地面上来。它的根往土壤钻，它的芽往地面挺，这是一种不可抗的力，阻止它的石块，也被它掀翻。"

想要破土而出，就要先撑开阻挡自己的障碍，在清政府的束缚下，当时中国的创业者是很难获得机会的，很多普通人平步青云的崛起之梦由此被阻，乔贵发就是其中的一个。不过，此时的乔贵发毕竟还年轻稚嫩，只是凭着一股冲动萌生了创业的想法，并没有认真地考察有关创业的细节，所以难免陷入彷徨无措之中。

不过，这个时代也并非完全不利于乔贵发创业，因为在清朝初期，晋商已经形成规模，有了自己的商业体系，很多老字号都是在时代的夹缝中“跳出来、逼出来、冲出来、站起来”的，乔贵发也有机会闯出来。虽然他现在是一个无名之辈，但是他已经开始在脑子里盘算“做点什么”了，一旦这个念头被彻底激发，他就会像同时代的很多晋商那样，不再畏首畏尾，而是正面与命运博弈，跟时代“死磕”，成为创业的先行者。

◆ 不忍回首的受辱经历

心中有了念头，就有了随时爆发的可能，有时候源于内力，有时候可能只是一次意外，而乔贵发的人生“暴走”，就源于一次意外。

由于开豆腐坊的计划落空，乔贵发有一段时间变得自暴自弃，他甚至不顾一切地向村里熟悉的姑娘求婚，结果姑娘本人同意了但是人家的父母不同意。接连受挫的乔贵发继续过着往日的生活。

有一次，乔贵发的一个表弟要结婚了，他照例去帮忙。忙了一整天，回到家里他不免又想起自己孤单的身世，辗转反侧难以入睡，直到很晚才昏昏沉沉地睡去。第二天，因为晚睡加上前一天的劳累，乔贵发睡到天光大亮才醒，到了亲戚家里，人家已经开了早饭。本来是去帮忙的，结果晚到了，乔贵发心里有些不好意思，他赶忙勤快地给宾客们端碗端菜。这一切被亲戚家的总管看到，总管埋怨他为什么现在才到，讽刺他是来吃饭的而不是来干活的。

看乔贵发不说话，总管变本加厉地继续数落他，说没有人愿意把姑娘嫁给他。本是来帮忙的乔贵发，非但没有得到感谢，反而被数落了一顿，他心中十分气愤。这时主家出来说好话，加上是人家大喜的日子，乔贵发忍了下来。总管仗着自己手里有点小权力，继续为难乔贵发，让他去烧火。

在古代，等级制度森严，连帮佣也分三六九等：端菜倒水等是上得了台面的帮佣，等级会高一些；烧火洗碗等活计本身又脏又累，加上见不到主人和客人，自然是低人一等。虽然乔贵发是来帮佣的，拿着一份薪水，但是结婚的是乔贵发的亲戚，是他的侄儿，岁数比他小两岁，他要给一份礼金的，总管这样羞辱他当然不合适。

午宴时，乔贵发作为亲戚本该被安排在前面的位置，但是总管却将他安排在最后一桌的桌口上。这件事加上早上的事，让乔贵发心中气愤到了极点，他真想把这个狗眼看人低的总管暴打一顿，但是为了照顾婚礼的礼数，身为“叔叔”的乔贵发终于还是咽下了这口气，安静地吃完了饭。

人们都说，能够哭着吃完饭的人，必定有过人之处。同理，能够忍着气吃完饭的人，未来也值得期许。这是因为他们一来懂得隐忍，二来能够把心思放长远而不计较一时的短长。

婚礼结束后，乔贵发回到家时已经是晚上了，他积攒了大半天的委屈、心酸、难过一下子涌了上来。他放声大哭，感叹自己身世可怜和命运不公：自幼父母双亡，到外祖父家生活虽安稳但处处要看人眼色，随后跟着舅舅学本事也处处受挤兑。虽然回到自己家自由无拘束，但是也到了考虑现实问题的年纪，没有父母和亲戚的帮衬，他既孤独又无助。

此时的乔贵发想到了离世的父母，也想着跟着他们一起去了，一了百了，但是他想到父母如果还在世，肯定不想看到他做出这种事情。乔家仅剩他自己，他不能这么离开，应该争口气活出个人样来，他要给乔家留后！要给乔家光宗耀祖！

虽然“留后”的思想难免有封建色彩，但出人头地的目标是正确的。

乔贵发是个有骨气的后生，他没有被这段经历摧垮，反而更加积极努力地在村里生活，每天起来都干劲十足，心里永远憋着一口气，这口气就是要出人头地，这时他创业的想法更强烈了。

祁县虽然土地肥沃，但是缺少煤这样的矿产资源，村民只能依赖土地过活，又因为人口众多，土地产量有限，所以经济状况并不好。然而，祁县也有其他地方不具备的优点：地处交通要道。它位于川陕和北京的官道上，还有一条穿越太行山的古驿道，有着得天独厚的优势，是东西南北的重要交通枢纽。

靠山吃山，靠水吃水，许多祁县人靠着优越的地理位置当上了卖货郎，或者赚点过路人的钱。康熙年间，朝廷颁布诏书，解除汉蒙之间的贸易禁令，祁县人开始将贸易向北延伸到如今的内蒙古呼和浩特，甚至更边远的蒙古各部落；向南则延伸到了汉口，联结起长江沿岸的经济。祁县人通过这样的方式，渐渐摆脱了贫困，乡间做生意的势头越来越高涨。

祁县有一位名人叫段泰，他是从在汉蒙之间拉骆驼起家的，后来逐渐发展为康熙年间归化城里的一个大商号，主要收入来源就是汉蒙间的贸易，还成立了名盛一时的“元盛德”。与他同时期的还有几个有名的商号，其中一个是开小商品买卖起家的“大盛魁”，成立人是张杰、史大学和王相卿，这家商号逐渐发展成为归化城内最大的旅蒙商号。

这些人的成功激励着像乔贵发这样的年轻人，他们也想加入其中。有的说干就干，真的开始了旅蒙之路，有的则像乔贵发一样犹豫不决。在遭受羞辱之前，乔贵发知道这些事情，但是从来没有把自己想象成其中的一员。但是经历了喜宴受辱之事，乔贵发心中一直憋着一口气，他知道自己继续待在村里是没有光明前途的。

虽然赚大钱是很多年轻人的想法，但乔贵发与他人不同，他没有退路，一旦失败就难以翻身。本来他只是对创业、对商号感兴趣，并无意真正投入其中，但是面对村里人的冷言冷语，他逐渐萌生了摆脱这里的想法。一心想成家的他找不到愿意嫁给他的姑娘，成家的想法也渐渐消失了，这更坚定了他做生意的念头。

这年春天，乔贵发将家中一切收拾妥当，便独自背上行囊，去看看外面的世界。乔贵发来到离乔家堡不远的祁县贾令镇。贾令镇位于官道上，而且是在要冲位置，是商队往来的必经之地，十分适合做生意。乔贵发在这里认识了许多商队的朋友，在其中的一支商队里结识了一个靠谱的老乡，然后跟着他在商队里忙活，跟着商队去了蒙古等地。

孤身在外，背井离乡，这是很多人都不愿意体验的生活，但对乔贵发而言却没什么，因为在村里他也是孑然一身，虽然那是他的故土，但在那里他没有亲人。现在出门谋生，身边的同伴多是祁县的老乡，彼此之间还可以互相照应，而且大家都是光棍一个，谁也不会看不起谁，不会像在村里那样遭人白眼。即便存在利益冲突，乔贵发也可以拿出真本事和他们公平竞争。因此，在多数人眼中辛苦的异地漂泊，在乔贵发这里反而成了人生逆袭的良机，当然这背后也透着一股辛酸。

对于乔贵发来说，喜宴受辱成为他人生的转折点，正是这次经历让他开始走西口。此时的他只有十七八岁，正是学本事的时候，体力好，记忆力也好。旅蒙期间他不仅学会了许多经商之道和为人处世的原则，也见识了不同民族之间不同的生活习俗和塞外风景。对旁人来说，口外的世界陌生而渺茫，但对乔贵发而言，那里隐藏的机会却并不渺茫。

◆ 走南闯北寻出路

清朝乾隆时期，祁县人在口外已经开始了频繁的贸易活动并形成了较大的势力，在归化城的三大旅蒙商号中，有两个是由祁县人创办的。自然，祁县人出身的乔贵发也容易被商队接受。凭着一身的力气和精明的头脑乔贵发找到了拉骆驼的工作。

骆驼是当时商队重要的交通工具，因为骆驼耐力好而且性情温顺、饲养简单，适合长途跋涉。旅蒙商队一直都用骆驼运输货物，有骆驼才有钱赚，因此拉骆驼人的工资也比较高，虽然没办法和商人相比，但和在家种地、帮工相比已经是十分丰厚了。当然，拉骆驼也的确是份苦差事，因为骆驼本身就是一种能吃苦耐劳的动物，人要跟上它的工作节奏，也得能吃苦耐劳，所以当时归化城流传着一句俗语："世上三般没奈何，赶车下夜拉骆驼。"

乔贵发是个机灵的后生，在商队里能言善道，而且愿意出力气，为人实在，商队里的人都很喜欢他。加上商队中有许多祁县老乡，他们愿意和乔贵发打交道，也愿意帮助他，这给乔贵发的拉骆驼生涯带来了许多快乐和温暖。

商队生意不同于商铺生意。做商队生意的人，一般都是个人，不会拖家带口，所以大家出门在外就都是兄弟了。在这种临时组建的团队中，公平是核心原则，这给乔贵发十分新奇的感受。日后创立商号时，他也尽力保证伙计间的公平，给他们些许温暖。

乔贵发的这次出走让他赚到了人生中的第一桶金，也奠定了乔家几百年的基业。如果没有喜宴受辱这件事，乔贵发可能会继续守在村里，而这样是没有出路的。因为从当时的情况来看，祁县一带的官道和交通要道上早就挤满了形形色色做生意的人，像乔贵发这样既没有本钱又没有人脉的晚辈，很难有获得成功的机会。他只有走得更远，才有机会获得贸易差价，赚取可观的利润，而旅蒙经商给了他这样的机会。

旅蒙商队为何能赚钱呢？这是因为蒙古人不重视商业，蒙古地区的商品贸易被外来的旅蒙商人所把持，再加上当时交通和通信都不发达，信息严重不对称，商人们就利用悬殊的差价谋取暴利，而他们依托的交通命脉就是旅蒙商道。这条商道北接归化城、南连汉口，由北向南，途径内蒙古的和林格尔，山西的右玉杀虎口、宁武县、太原以及河南的开封等地。这条商道基本上是以祁县人为主的山西人一步一步踩出来的，不仅促进了南北贸易，也推动了祁县人发家致富的进程。

商道兴盛，给百姓提供了数以万计的工作机会，他们带来的贸易往来稳定了大半个中国的经济，茶商途经的城镇跟着富了起来，山西由此富了起来，乔家也因此崛起。晋商中最为成功的八大家族中，乔家、常家和范家就是靠茶叶之路兴盛起来的。

从历史的角度看，旅蒙商道的开发与清朝的军事、政治形势有着重要的关系。当时商道的主要贸易商品是茶叶，而中国作为茶叶的原产国，不仅国内的消费量巨大，国外的贸易量也十分巨大。自从有了国际上的贸易后，茶叶就一直作为硬通货流通。明朝时期，因为战乱和惩戒游牧民族，内地往来蒙古的商道关闭。直到清朝满族入关，对蒙古的态度有所转变，商道才得以重新打开。这条绵延万里，汇集文化、政治、经济、民俗和宗教的商道，给了许多像乔贵发这样的年轻人机会。不过，边境问题却一直影响着商道的安全，让很多旅蒙的商人头疼不已。

清朝雍正之前，游牧民族多次南下侵扰，抢走大量的物资和钱财，这些物资和钱财有些属于当地居民，有些则属于旅蒙商人。到了雍正末年，游牧民族内部纷争不断，各部落间元气大伤，其中较大的部落为了保存实力，向清政府求和，以免清朝政府借此机会铲除自己。清政府名义上答应了谈和，实际上则派出部队驻扎在边疆，巩固西北地区的统治，旅蒙商道也因此获得了安宁。为了彻底解决边境问题，清政府甚至建立了新的城镇以镇守边境。城镇建好了，边境稳定了，旅蒙商队得到了一定程度的保护，但仍然面临着一个严峻的问题，那就是匪患。

当时的商道上盗匪猖獗，虽然官府出面整治过几次，但效果不佳。朝廷甚至在商道上设立了驻防城和驿站，里面驻有军队，遇到盗匪可以随时出兵解决。尽管如此，商道上的盗匪还是屡禁不止，一些生意人甚至因此而丧命。

乔贵发一年四季就行走在这条充满希望和危险的商道上，终日风餐露宿，或者遭遇土匪拦路，或者遭遇野兽尾随，还要忍受恶劣的天气：夏天，沙漠上会卷起狂风和沙暴；冬天，草原上会遭遇暴风骤雪。乔贵发本人也遇到过几次危险，好在每次他都能化险为夷。

旅蒙商人在危机四伏的环境中，带着蒙古地区的皮张、绒毛和药材南下汉口，再将江南的茶叶、烟草、布匹、绸缎和铁器贩卖回蒙古草原。虽然他们是中间商，是现在被人不齿的“倒爷”，但是他们赚取的每一文钱，都是用命换来的。

经过几年的拉骆驼生涯，乔贵发的力气变大了，钱也攒了一些，见识更是增长了不少，但他对这份工作也产生了厌恶，毕竟拉骆驼是一项技术含量不高的工作。他不仅要拉骆驼赶路，还要格外注意骆驼的生活，相当于骆驼的贴身保姆，赚的就是个辛苦钱。而且，乔贵发这几年也接触了不少东家、掌柜，了解到他们一年赚的钱自己一辈子都赚不回来，最残酷的事实是：做生意的往往年纪越大赚得越多，而拉骆驼的年纪越大就越赚不到钱。

如果一个人缺少远见，只顾眼前，或者只和不如自己的人比较，那他就会安于现状。但乔贵发不是这样的人，他要学这些东家、掌柜，去做生意，赚更多的钱。

想法虽然不错，但是做什么生意呢？或许很多人在创业时都会这样问自己，但是乔贵发不急于找到答案。因为当时归化城三个商号的创始人都是穷人出身，乔贵发觉得，他们既然能闯出名号，自己也能。所以，他最初瞄准的创业地点就是归化城，因为那里有很多祁县的老乡，靠着之前积累的人际关系，想找点事儿做并不困难。不过，乔贵发仔细琢磨了一下，认为这条路有很大的问题：自从康熙皇帝解除汉蒙贸易禁令之后，归化城经过四十多年的发展已经形成了垄断的局面，各大商号早就进行了利益划分，外人很难插上一脚，顶多是吃点残羹剩饭。但是如果想追求安稳，归化城的确是个不二之选。

此时的乔贵发心高志大，安稳对他来说毫无诱惑力。九死一生的商道都走过来了，创业再艰难也不至于把命丢掉吧？于是，乔贵发彻底放弃了归化城，而是把目光投向了萨拉齐。

萨拉齐位于土默特川上，土地肥沃，经过几十年的开垦，大片的草原变成了农田。因为这里是通往草原的最后一个城镇，所以就成了大批旅蒙商队歇脚和采购的地方。这里有大量的粮店、草料铺和饭店，街上经常是人山人海。

和归化城相比，萨拉齐只是一个刚刚成立的直隶厅，但发展前景可观。如果在这里创业，就不会遇到商业寡头的阻击，每个参与者都能公平竞争，这里对于乔贵发这样的普通人来说就是创业的天堂。

由于乔贵发所在的商队经常在萨拉齐停留，他认识了一家当铺的掌柜的，掌柜的看他踏实肯干，跟他说如果将来混不下去了可以来找他，这正合乔贵发的意。于是，当骆驼队再次在萨拉齐休整的时候，乔贵发提出了辞职，然后找到了那个掌柜的，在当铺里当学徒。

旅蒙商道是一条财富与风险并存的商道，人们在收获财富的同时也面临着丧命的危险。乔贵发的人生也像一条商道，他曾经被利益引诱过，也被危机恐吓过，但是这一次他自己做主，在归化城和萨拉齐之间做出了正确的选择，开辟了属于自己的一条新商道。

◆ 靠手艺营生

乔贵发到店铺打工只是权宜之计，因为他对萨拉齐并不了解，只有慢慢摸清了门路之后才敢创业。当学徒的日子里，乔贵发接触了许多商人，他尝试与各路人交朋友，暗地里学习掌柜的生意经。除了当地人，聚集在萨拉齐的主要有两种人：一种是从事旅蒙贸易的商人，这些人主要是来自祁县、太谷和平遥等地的山西人；另一种则是冬去春来的农民，他们看中了丰州滩和土默特川上的荒地，主要是来自大同、代州、忻州等地的山西人，从事体力劳动。

在走西口的队伍中，多是一些为旅蒙商人服务的皮毛匠和为农民服务的木铁匠，做与人们生活相关的生意，没有耍手艺的人，这与当时的经济条件较差有关。不过，人们再穷也离不开吃喝拉撒，所以萨拉齐的饭店很多，为当地人和旅客提供吃食，而且每一家都生意兴隆。不过，乔贵发观察了一段时间发现，萨拉齐一到冬天就蔬菜奇缺，作为山西人的他更是发现这里很少有山西菜，特别是他喜欢的炖豆腐和凉拌豆芽菜，他找了很多饭店都没有发现。起初，乔贵发以为是没人会做这道菜，后来发现镇子上甚至连卖豆腐和豆芽的铺子都没有。

本来应该感到失落，乔贵发却因此获得了窥得天机的惊喜，因为他发现了一个商机。

萨拉齐受限于自然条件，很难种植新鲜蔬菜，但是这里盛产豆类，有做豆腐和生豆芽的先天条件。更重要的是，萨拉齐缺少手艺人，没有人会做豆腐。乔贵发想起了早年间跟着舅舅学做豆腐的经历，他去镇上转了几天，最后拿出自己的积蓄，租了间铺子，置办了工具，辞了原来的工作，做了些做豆腐和发豆芽的准备，选了个黄道吉日开张了。

乔贵发的愿望终于实现了，他开了属于自己的豆腐坊，完成了人生的第一次创业。他开豆腐坊不是心血来潮，而是经过了实地考察，靠的是发现市场空缺、物以稀为贵的生意经。开张后，豆腐坊的生意异常红火，因为很多当地人和旅蒙商人没见过豆腐，对这种白花花的块状食物很感兴趣，豆芽菜也带给他们新奇的口感；还有一些人早就想吃豆腐和豆芽菜，只不过在路上一直吃不到，这次萨拉齐终于有了豆腐坊，让大家一饱口福。豆腐坊经常顾客盈门，被围得水泄不通。

乔贵发雇了一个伙计帮他做豆腐，第一次尝试当老板的他，逐渐摸索出一套生意经。通过豆腐和豆芽，乔贵发赚到了真正意义上的第一桶金。豆腐坊除了买客外，还吸引了很多老乡。有些老乡来到豆腐坊，一坐就是一天，不要工钱也要帮他忙前忙后，乔贵发通过豆腐坊不仅赚到了钱，而且收获了友谊和尊重。

乔贵发虽然常年干的是苦力，但他本身是一个心灵手巧的人。他在跟舅舅学做豆腐的时候就特别上心，所以他做的豆腐和发出的豆芽质量很高。而且，乔贵发不仅有匠人精神，还很会与客人沟通，知道如何让没吃过豆腐的人对豆腐垂涎三尺，也知道上哪里寻找价格低、品质好的黄豆、绿豆，所以他做的看似是一个小买卖，其实蕴藏着很大的盈利空间。

因为看到了希望，乔贵发的干劲也变得越发十足，他每天起早贪黑，并且雇用了更多的人手，扩大了豆芽豆腐生意，一年的收入是拉骆驼的好几倍。

能够在第一次创业就赚到钱，也得益于乔贵发走南闯北时增长的见识。当初，乔贵发羡慕那些腰缠万贯的东家掌柜，如今自己成为掌柜以后，他发现当掌柜确实有很多好处：干的活比工人少，出的力比工人小，但是分到的钱却比工人多，而且雇的人越多自己越省力气，越能赚到更多的钱。除此之外，乔贵发还得到了过去不敢奢望的东西——尊重。乔贵发的手下见到他都是毕恭毕敬的，而社会上的朋友见到他也是称兄道弟，彻底消除了乔贵发深埋多年的自卑感，也让他压抑多年的情绪得到了释放。

眼看着乔贵发的豆腐生意赚了钱，不少人开始跟风创业，半年之后，萨拉齐陆续开了十几家豆腐坊，竞争变得激烈起来。各家的豆腐坊为了打压对手、招徕顾客，开始发动价格战，豆腐和豆芽的价格越来越低，利润越来越小。长此以往，萨拉齐的豆腐和豆芽将无利可图。见此情景，乔贵发不想再跟老乡们竞争，萌生了退意。

一直以来，乔贵发都给人以踏实肯干的印象，但他并非只会出力气的莽撞汉子，从开豆腐坊这件事上就能看出他的稳重。对于关店这件事，他依然没有头脑发热，而是开始琢磨起萨拉齐的市场来。没有朝廷监管，乔贵发也自知没有说服同行良性竞争的能力，而且做豆腐并没有什么核心技术，迟早会有更多的人超过他。综上所述，乔贵发预感到未来很长一段时间，豆腐和豆芽都会以极低的价格售卖，加上租金的压力，自己赚的钱将少得可怜，可以说萨拉齐的豆腐市场已经没有价值了。

中国近现代的商业历史上有过几次价格战，虽然有的商家撑到了最后，但也是内伤严重。随着经济体系和相关法律的健全，价格战越来越少，国内企业的竞争变得更为良性。在同行竞争激烈的时候，经营者要学会“思变”。乔贵发早年的经历和后期乔家的百年基业相比，的确微不足道，然而在萨拉齐经商的这段时间，乔贵发就展现出了他过人的商业远见。

关闭豆腐坊，不仅是考虑到了未来的市场格局，也是因为此时的乔贵发野心更大了。他虽然成了一个掌柜，但是和城里那些大商号的掌柜相比，自己算得了什么呢？就拿大盛魁来说，人家几乎控制着大半个蒙古草原，垄断着旅蒙生意，一年至少能赚几十万两银子，而他乔贵发一年不过是赚千两银子罢了。既然都是穷苦出身，为何别人能成大事业自己就只能开豆腐坊？

人一旦有了对未来的期许，就会爆发出更多的潜力。积累了一些生意经的乔贵发，开始思考如何大展宏图。很快，他受到了先贤们的启发：当年刘关张结义干出了一番大事业，而大盛魁也是三个朋友合伙创业才雄霸口外的。由此可见，成大事不能缺少合伙人。于是，乔贵发开始物色合适的人选，最后他把视线落在了一个姓秦的人身上。

这个秦某是太原府徐沟县大常村人，也算乔贵发的半个老乡，在亲戚的菜园里种菜。乔贵发做豆腐的时候，经常和他在市场上打照面，有了一点交情。乔贵发通过观察发现，这个秦某为人忠厚，头脑灵活，能够吃苦耐劳，而且他对乔贵发也是非常敬佩。当乔贵发表示想和他结义做买卖的时候，秦某满口答应，原来他也早就不想寄人篱下了，打算自己干一番事业。

乔贵发和秦某一拍即合，马上设案焚香，拜天拜地拜父母，正式结为了异姓兄弟。随后两人就开始谋划做什么。由于乔秦二人一同见证了“大盛魁”商队的崛起，所以他们在豆腐坊关门后，就决定一同到包头找机会。乔贵发打包了行囊，离开了萨拉齐这个让他赚到人生第一桶金的地方。

萨拉齐的豆腐坊是乔贵发的一次创业尝试，不仅实现了他最初的资本积累，也让他找到了志同道合的合伙人。豆腐坊的生意是乔贵发第一次当掌柜的，虽然只有一个伙计，但乔贵发的心里却有细致的用人心得。早年间在舅舅家学做豆腐的经历，成就了他的第一番事业。他建立了信心，不再是祁县那个抑郁的少年，而是一个向往更大舞台的年轻人。

第二章

由豆腐起家的经营法门

◆ 合伙经营草料铺

“包头”在蒙古语里的意思是“有鹿的地方”，北边青山绵延，南边紧邻黄河，西边接壤河套平原。早年间，这一带只有几户人家，是严禁汉族人进入的，后来随着清政府政策的变更，汉族人才有机会到河套平原上种植农作物。乾隆四年（1739），清政府在包头设立管理机构。乾隆八年（1743），包头全面开放，陆续出现了“走西口”的人，包头也由此变成了东西要道的交会点和旅蒙贸易的聚集点。萨拉齐和西脑包都是包头重要的城镇，承担着旅蒙路上中转站的职责。

乔秦二人结义合伙后，开始寻找创业方向，他们先是对口外的现状进行了一番盘点。

当时口外的商业机会很多，而且利润很高，其中旅蒙生意是大头。不过，经过四五十年的商业竞争，如今的旅蒙生意已经形成了大盛魁、元盛德、天义德三大旅蒙商号的垄断局面。这三大商号不仅积累了雄厚的资本，而且吸纳了一批优秀的人才，还把持着重要的货源和销路，在政府那里也有人脉。和三大商号竞争，必定会亏得血本无归。乔秦二人觉得这不是一条明智的创业之路。

既然跟着三大商号抢不上肥肉，那么开荒种地可以吗？单是看土地面积，这一带确实有不少廉价的土地，凭着之前积累的资金乔秦二人成为地主并不难，但是和旅蒙商人一比，仍然是小巫见大巫。

乔秦二人分析了半天，终于找到了一个空当，就是草料生意。原来，因为汉蒙贸易的高额利润，在口外形成了庞大的旅蒙商队。这一带土地肥沃，加上商队庞大的需求，于是出现了大量开荒种地的农民，而在农民和商队之间又形成了一个为二者服务的供应体系：饭店、粮店以及草料铺。这个供应体系的运作模式很简单：从农民手中收购粮食、蔬菜和草料，然后进行加工，再出售给往来萨拉齐的旅蒙商队。另外，这个供应体系十分独特。和商队相比，它的经营规模小，目前没有出现大的商号，有巨大的上升空间，而且对于农民而言它的经营范围很大，赚钱的机会更多。

乔秦二人经过反复论证，最后决定投资这个供应体系，因为它是正在发展的新兴行业，竞争规则相对公平，适合他们这种没有丰厚资金和广阔人脉的创业者。如果继续观望下去，很可能坐视他人一家独大。

选定了路子，乔贵发异常欣喜，和秦兄弟马上开始筹办。他们各自拿出一部分积蓄，租了大房子，把之前经营用的家伙什都搬过来，又添置了不少物件，雇用了几个伙计，开办了一家主做草料生意，兼做豆腐坊、菜园、饭店生意的铺子。

这次创业，乔贵发再次展现了他选择项目的独特眼光。当时的包头作为重要的经转点，要接待许多旅蒙商队，而骆驼的食物都在此补充，草料的需求量巨大。由于包头的草料供不应求，因此草料铺开张后生意兴隆。其实，草料铺的经营难度并不大，只需要将买来的草料进行加工，做成适合给骆驼食用的商品卖给旅蒙商人。店里的豆腐和豆芽也都是乔贵发自己做、自己发的，不仅用在店里的菜肴里，也卖给有需要的旅蒙商人和附近的居民。不过，这种操作简单的经营项目很快带动了一批跟风者，间接促进了包头一带的经济繁荣。

其他的草料铺只是单纯地卖草料，其他的饭馆也是单纯地卖些吃食，乔秦二人的草料铺则将两者结合在了一起，每次商贩来补充草料，还能够在这里吃顿饭。商贩吃饭的工夫，草料就备好了，既省时又省力。乔贵发做豆腐、发豆芽的本事在当地是出了名的，他们依靠着豆腐和豆芽招揽了许多旧客户。另外，乔贵发对旅蒙商队很熟悉，和大大小小的商队都能说上两句话，有的商队愿意来问旅蒙的情况，有的则愿意来了解一些当地的情况。在一定意义上，乔贵发成了旅蒙商队的向导，草料铺也成为当地的信息中转站。这样的经营模式在包头是首次出现，又因为乔秦二人待人诚恳而且勤快，与商贩都处得很好，所以他们的买卖越做越红火。

这家草料铺小小的，经营范围却很广，很像古代的驿站、客栈，也像新中国成立后街边的食杂店，“麻雀虽小五脏俱全”。一点一点添加的经营内容，都有日后“广盛公”的影子。其实，草料铺的生意不仅开阔了乔贵发的眼界，也锻炼了他的经商本领。草料铺的生意不同于之前豆腐坊的小打小闹，是真正意义上成系统、成规模的经营，乔贵发终于找到了属于自己的事业。

经过两年的发展，乔贵发的草料铺生意越来越好，收入远超豆腐坊，但是乔秦二人并不满足于此。他们一边经营草料铺，一边寻觅其他机会，希望能找到机会让草料铺发展壮大。

在创办草料铺这件事上，乔贵发在经营上的天赋也逐渐显露出来，这些都成为他建造商业帝国的基础。

第一，乔贵发对于自己所处的行业有一定的了解。早年他跟着舅舅学习做豆腐、发豆芽，为他日后开豆腐坊奠定了基础。这种对市场的深度了解加上一定的商业直觉和商业眼光，让他在推出产品和服务的时候更能被市场认可。

第二，乔贵发不仅了解自己的行业，也对其他行业略知一二，这让他对口外的营商环境和市场需求有了整体上的认识，提升了他的判断力。

第三，乔贵发的创业灵感往往源于生活中的细节，这些细节让他发现了商机，避免了与行业龙头正面对决。比如，他开豆腐坊和草料铺都是因为他从往来客商的现实需求中发现了商机。所以他坚信只有多观察生活，才能知道人们需要什么，而他也逐渐养成了敏锐的商业眼光。

第四，乔贵发认识到依靠单打独斗创业很难。有了秦姓兄弟的支持他才建立起乔家商业帝国的根基，这也提醒他要抱着交友的心态做生意，不断扩大社交圈子，助力自己的事业发展。

第五，乔贵发用多元化经营给自己兜底。这样做的好处是不把所有鸡蛋放在一个篮子中，毕竟乔秦二人没有深厚的根基，创业资本有限，必须谨慎试错，而多元化经营既能降低失败的概率，又能增强他们在商圈中的影响力。

第六，乔贵发能够摆正自己的心态。他虽然渴望赚大钱，但从来不会赚黑心钱，因为他本质上是一个善良踏实的人。在经商的过程中他经常帮助他人。每次开店卖的东西，定价都非常合理。即便没有出现竞争者，乔贵发也始终坚持薄利多销的原则。当然他也不会无原则地让利，因为他相信一个合理的价格是会被市场所接受的，这也代表着商品的价值。

从萨拉齐到包头，乔贵发体验到了创业的成就感，也体验到了作为掌柜的压力。过去他认为掌柜无非是用资本来谋利，而现在他开始发掘出掌柜的价值所在：他们看似干得少拿得多，但他们在背后的规划和思索起到了决定性作用，这些也是普通伙计不需要承担的责任。其中商业眼光最为重要，因为只有看得远，才能走得快，才能避免走弯路和死路。

一个创业者的眼界有多宽，他的事业就会有多大。乔贵发从一个目不识丁的穷小子，逐渐成长为一方小有名气的生意人，主要依靠的还是其敏锐的判断力。多亏了这种判断力，他没有在村子里荒废余生，也没有在旅蒙商道上出力到死，更没有满足于萨拉齐的一个小豆腐坊。他的眼界决定了他的格局，他的格局意味着未来将有无数可能，每一种可能都关联着一段商业传奇。

◆ 树挪死，人挪活

虽然乔秦二人的草料铺生意兴旺，但是兴旺的背后暗藏危机，这是因为乔秦二人逐渐发现自己的生意遇到了上升瓶颈。

近年来，不少人看着乔秦兄弟赚足了银子，于是在包头纷纷效仿他们——开兼具草料、饮食和住宿的综合性店面，而且他们的规模相当，经营模式也逐渐趋同，让乔秦二人的店铺竞争优势不再。另外，还有一个不利的因素。乔秦二人刚开草料铺的时候，店铺的位置选得还不错，但随着周围发展起来，他们的位置不再是热门地段，而一时间又没有合适的店铺，两人只能守着这间铺子，状况十分尴尬。

有一天，一个商队在店里买草料和歇脚，乔贵发和商队的人谈到了自己店铺的处境。这时，商队中一位伙计快人快语地表示，乔贵发有这样规模的铺面和处世待人的手段，不如搬到西脑包开铺子，因为那里只有几家很小、很简陋的铺子，而吃住的人也不少，乔贵发搬过去就能赚大钱。一句话惊醒梦中人，“西脑包”这个名字顿时在乔秦兄弟的脑海中留下深刻印象。

不过，乔贵发并非办事莽撞的人，单凭别人几句话还不足以动员他搬店。为了确认这个方案是否可行，乔秦二人特意去西脑包实地考察了一番，结果发现情况确实如那位伙计所说。二人一拍即合，决定去西脑包开辟新市场。

西脑包临近昆都仑口，而昆都仑口是连接南北蒙古的交通要道，也是旅蒙商人的必经之地。这里比萨拉齐更接近蒙古部落所在的位置，在这里补充草料更为方便。如果在这里开设草料铺、旅店、饭店，可以说占据了地利。而且这里是萨拉齐政府管辖的范围，既能够享受到政府的照顾，还能做生意，一举两得。

按照常理，西脑包距离昆都仑口有几十里的距离，为什么客商不再往西走到昆都仑口的正中段呢？其实对商人来说，选择路线不仅要考虑地理因素，还要考虑人的因素。因为按照当时的清朝政区划分，西脑包以西属于乌拉特三公旗的辖区，而专门管理汉人的萨拉齐厅是不能染指此地的。但生意人向往自由，而西脑包距离昆都仑口近，又有充足的粮食来源，原材料获取方便，是个理想之地。

当时，旅蒙商队一进入昆都仑口，就要面临数千里的草原和戈壁滩，茫茫一片荒芜，根本没有粮食草料可以采购。而且这段路程一走就是三四个月，所以旅蒙商队在临近昆都仑口时都要带足三四个月的干粮和草料。而西脑包和萨拉齐相比，更加接近昆都仑口，相当于最后的采购站，其重要性不言而喻。

乔秦二人在西脑包选了个合适的地点，置办完家伙后，将整个店铺搬了过去。他们用很少的钱，租了一大片土地种菜、盖店铺。这次的店铺比之前的规模更大，给旅蒙商队提供吃饭、歇脚和补充草料地方的同时还卖豆腐和豆芽。

在兄弟二人的精心筹划下，店铺一开业就成为当地规模最大的一家，并且颇受好评。他们的草料铺不仅让客人吃得饱、睡得好、能够补充草料，还负责照看骆驼、帮客人熨烫衣服。乔贵发的店员就像一个大管家，妥帖地照顾着旅蒙商队的方方面面，加上兄弟二人热情好客，所以他们的名号很快在旅蒙商队中传开了。

从这次的草料铺创业中，可见地理位置对于店铺来说至关重要。好的位置能够不费力就招来顾客；不好的位置，即便产品再好、服务再周到，也难以有突出的业绩。有的生意人可能不太看重地理位置，认为只要产品质量过硬，酒香就不怕巷子深，这其实是一种幸存者偏差的思维。有的店铺的火爆的确跟地段无关，可能依托的是百年老字号积攒下来的人气，这绝非一般的初创小店能比的。对于大多数实体店铺的经营者来说，店铺的地理位置是极为重要的，选址经营是前期考察中重之又重的一项内容。

当然，地理位置的优势也不是一成不变的。随着经济发展，有些地方从无人问津到往来者络绎不绝，有些地方则从人潮涌动到空无一人。作为经营者，要一直关注政策和市场的变化，看到地理优势的变化。乔贵发正是因为关注着这种变化才做出了正确的决策，没有让自己的生意走向下坡路。

虽然没有专人传授过生意经，但此时的乔贵发和秦兄弟已经掌握了经营店铺的本领，而且运用恰当。像乔贵发做的这种生意，考验的是经营者的人际关系和对市场的敏锐判断。其实，人际关系并不是乔贵发的强项。因为，乔贵发悲惨的童年经历让他一直渴望感情，也让他不懂得经营感情。在乔贵发走出祁县后，因为大家都是陌生人，没人知道他的身世，他也逐渐找回了自信并放开自我。到了开草料铺的时候，他已经成为一个能说会道的掌柜，加上秦兄弟带给他的温暖和信任，更让他摆脱了童年的阴影，将自己的精力和情感投入草料铺中。

从豆腐坊到草料铺，乔贵发接触到的都是最初级的市场，直接与消费者面对面，这样能够了解到消费者的真实想法，使店面经营能够随时做出调整。对市场足够了解后，他的决策和方向也更能贴近真实的市场反应。同时乔贵发还具有快速响应的能力，发现任何风吹草动，他都能迅速做出反应，这恰恰是一些经商者欠缺的能力。

随着草料铺的生意越发兴旺，许多商队慕名而来，有些原本在萨拉齐补给粮草的商队，也转移到西脑包补给了。不过，老问题再次出现，很多人一看乔秦二人的草料铺有利可图，又开始跟风效仿，竞争逐渐变得激烈起来。这个老问题，也是困扰乔贵发的梦魇。

草料铺和乔贵发的经营模式并没有太高的技术门槛，很容易被人模仿。草料铺、饭店、旅店和豆腐豆芽等生意，都是薄利多销，一旦照顾不周生意就容易被其他商铺抢去，这是乔贵发面对的潜在隐患。虽然目前他们的经营还没有受到影响，但是兄弟二人已经开始考察其他的项目了，最后发现了新的商机。

经营草料生意多年，乔秦二人发现草料的价格是经常浮动的，有时高一些，有时低一些，高低之间相差几倍的利润，让他们想到了倒买倒卖的生意。包头因为新开垦的土地增加，粮食产量剧增，但靠近黄河，地处北方严寒之地，粮食产量不稳定，偶尔会出现粮食价格波动的情况，再加上极端天气的出现，粮食价格更不稳定。粮食价格出现波动，小商贩受影响得最大，像乔贵发这样的大商贩却能利用机会赚取一些利益。

乔秦兄弟眼中的利益，并不是利用粮食差价乘虚而入。虽然他们做的是低价买入高价卖出的买卖，但乔贵发一直恪守职业道德，秦姓兄弟也是个忠厚良善之人，所以他们不打算通过抬高粮食价格来打压小商贩。赚取合理利润，是每个经营者都应该有的觉悟。凭借前几年经营豆腐坊和草料铺存下的钱，乔贵发的草料铺有充足的资本，能够在低价时大量收购粮食，在歉收之年再卖出去，虽然单价利润并不高，但在数量多的基础上总体利润还是很可观的。

对粮食的买进、卖出，考验了乔贵发和秦兄弟的经商眼光和对市场的判断力。这两者缺一不可，没有长年累月的经验积累和敏锐的直觉是很难从事买进、卖出活动的。而且，这是一项高风险的生意，不仅要有大本钱，更要有大本事。大本钱指的是在粮价大跌的时候大量买进，大本事指的是能够准确预测购买粮食以后粮价会大幅上涨甚至暴涨。因此，对于大多数人而言，这种生意极其危险，虽然很多人垂涎其中的巨额利润，但是敢于伸手一试的人寥寥无几。而此时的乔贵发因为积累了深厚的经商道行，又有独到的眼光，真的就下场搏一番了。

◆ “买树梢”的起起落落

眼看着草料铺的经营走过了营收的巅峰，乔贵发和秦兄弟开始搞起了“跨界”，在草料铺和配套的业务之外做起了倒买倒卖的生意，不过他们并不满足于此。在他们的眼中，西脑包是一块仍待开采的地，有着更多的商业可能，最后他们的眼光终于瞄准了“买树梢”这个行当。

“买树梢”的意思是买来春天的树梢，等到秋天赌树枝上的果实。如果结出沉甸甸的果实，就意味着这场买卖赚了，否则就是赔了。“买树梢”主要指的是粮食以及农产品买卖的生意。显而易见，“买树梢”是一种风险较大的生意，不仅要熟悉行情，还要有前瞻性的眼光。“买树梢”的利润主要来源于价格差：买入价格低于卖出价格，就是赚钱，差价越大盈利越多；买入价格高于卖出价格，则意味着亏损，差价越大亏得越多。如果秋收时，农民的地被河水冲了，没有收上来粮食，其中的损失也要买主自己承担。

用今天的视角看，“买树梢”其实就是一种期货交易。西方可追溯的期货交易诞生于19世纪40年代的美国芝加哥农业区，但中国的“期货交易”比美国早了许多年。那么，在中国这样一个农业大国，“买树梢”是如何在市场上运作的呢?

包头地处北方，气候变化快，加上临近黄河，偶尔遭遇洪水，这些自然环境因素约束着粮食的产量。另外，旅蒙商人和来此处讨生活的农民带来的客流量变化，也导致了粮食价格不稳定，而正是在这种不稳定的价格中产生了利润空间，也就有了投机和赌博的可能。

在此之前，乔贵发从未听说过“买树梢”这种赚钱方式，所以他感到十分新奇，特别是当他听说包头市场的“买树梢”利润巨大之后，心里直痒痒。乔贵发很清楚，这种生意不同于店铺经营，对经营者的能力要求很高，而且要承受更大的风险。但这种风险有一种特殊的魅力，让人欲罢不能，如同赌博一般上瘾。

虽然乔贵发家境一般，也没有受过正式的教育，但是他身上有一种干大事的气度，这种性格也促使了他的成功。乔贵发刚开始倒卖粮食的时候，因为对这个行当不太了解，所以买进、卖出的量十分有限，只能赚一点钱。后来他不满足于这样的小打小闹，决心干几票大的。

从表面上看，“买树梢”是一种市场交易行为，但其深度关联着心理学，特别是人性中的两种心态：恐惧和贪婪。恐惧，源于对利益损失的担忧；贪婪，源于对利益最大化的渴求。乔贵发经常跟农民打交道，他发现农民有着求稳的心理，面对粮价的波动极为心焦，也难以承受，这就是恐惧心理。另外，乔贵发发现，秋收之后农民卖了粮将钱带回家，等到春种之时，钱已经所剩无几。

根据农民的特点，秋收之前，乔贵发就定了一个相对合理的价格收粮食——还没收获，粮食就已经卖了出去，而且不是低价，农民自然十分愿意。秋收之后，无论粮价如何变动，都按照之前的价格收粮，再将粮投放市场。在定价之后，乔贵发就先将银子交给农民，一来可以帮助农民缓解家里的紧张生活，二来能够防止农民反悔，一举两得。

“买树梢”是一门门槛高的生意，做的人不仅市场眼光要好，而且需要付给农民很大一笔钱，这两点限制着“买树梢”的人数。很多人也懂得乔贵发的套路，奈何没有足够的资金，所以这门生意的跟风者很少，乔贵发总算找到了一个高门槛的生意项目。通过几次判断精准的买进、卖出，乔贵发狠狠地赚了几笔，让更多的人认识了他，他由此成为当地有名的掌柜，同时完成了又一次的财富积累。在这门生意上，乔贵发展现了自己的计算能力。虽然没有经过系统的学习，但是能找到合适的收购价格，保持总体的盈利，着实不是一件简单的事。

虽然乔贵发明白“买树梢”的风险，但是他并没有因此就小打小闹，而是拿出大量的钱来“买树梢”。我们无法知晓乔贵发当时究竟是“赌瘾”大发，还是对自己有信心，但结果很直观，乔贵发不仅因此赚了钱，而且成为当地受人尊敬的商人，毕竟不是每个人都有这种魄力。

可惜的是，幸运女神不会永远只垂青一个人，她总是在这个人志得意满时用现实教育他一番，乔贵发就是例子。

从穷小子变成富掌柜以后，乔贵发腰缠万贯，衣食无忧。正所谓“饱暖思淫欲”，他也逐渐沾染上一些不良嗜好——喝酒和赌博。虽然在当时的社会环境下，这些也不算是什么陋习，但是对于一个想要干大买卖的人来说，这些就是通往成功道路上的陷阱。当时，乔贵发把草料铺的日常管理工作交给了秦兄弟，自己主要负责“买树梢”，但是他的心思全在喝酒和赌博上。他不再像原来那般踏实肯干，认为“买树梢”才是大买卖。他也不再把店里的经营看在眼里，有种嚣张纨绔的劲儿。

乔贵发过于自信，在“买树梢”时也没有再仔细研究气候，开始凭着直觉买。这一次，他没有去田间看看麦苗的长势，也没有多问一些农民，没有多了解了解市场，而是直接带着足够的银子出发了。他到了之前“买树梢”的农民家，随意定了个差不多的价钱就“买”完了“树梢”，全然没有了往常的讨价还价。

这种不同以往的做生意的方式，注定了乔贵发的失败，仿佛是上天要给他上一课。当年秋收之后，市场的粮食价格大大低于买进的价钱。这次乔贵发几乎将所有身家都赔了进去，连草料铺的账面上也没钱了。

成也“买树梢”，败也“买树梢”。如今的乔贵发彻底清醒了，没有了之前的骄奢之气。他意识到了自己的错误，也意识到了之前生活方式的后果。经过一段时间的历练，他又变回原来那个憨厚稳重的乔贵发了。

凭借着多年经商的经验，乔贵发将收来的粮食快速脱手，勉强保住了草料铺。他知道这次的失败完全是因为自己的大意，不仅将自己多年的心血毁于一旦，还连累了秦兄弟。他向秦兄弟坦白了自己的过失，主动将铺子的股份都给了秦兄弟。原本草料铺是由乔贵发和秦兄弟一同经营的，乔贵发付出的最多，因此占有大部分的股份。

秦兄弟一直与乔贵发以兄弟相称，虽然之前乔贵发沾染了一些不良习惯，但秦兄弟仍然待他如亲生兄弟。对于这次的“买树梢”，秦兄弟心中虽有怨气，但并未想过要与乔贵发分开。之前赚钱的时候，两个人一同分红，如今赔了钱，更不能让乔贵发一人承担。秦兄弟执意两人共同承担，乔贵发则坚持自己承担全部损失，一时间两个人僵持不下。

乔贵发看秦兄弟寸步不让，深知是自己的错误才让铺子陷入现在的窘境，于是他提出了要回祁县老家的想法。其实他想的是，自己离开了，铺子自然就归秦兄弟了。秦兄弟看最近一段时间乔贵发总是闷闷不乐，想着让他回家乡散散心也好，于是勉强答应了。

乔贵发离开了创业多年的包头，回到自己的老家祁县。在包头的日子是他人生中最充实的一段时光，在那里他体验到了人生的丰富多彩，经历了生意场上的大起大落，也感受到了人间温情，可谓跌宕起伏、苦乐参半的一段人生经历。

乔贵发"买树梢"的投资经历，值得人们深思。原本做事有方法、善良踏实的掌柜，在最后一次"买树梢"时居然如此任意妄为，结果将自己苦心经营多年的生意毁掉了。也许人们会将过错算在喝酒和赌博上，但这只是表面现象，实际上最大的问题在于乔贵发"买树梢"时心理上的变化。当获得成功之后，他对自己充满了信心，忽视了原本在意的买卖细节，没有经过调研就直接出价，从而导致最后一次"买树梢"的失败。

经商者要始终认清并摆正自己的位置，对市场抱有谦逊的态度，在做判断时，要以市场基本数据和基本规律为准则，不能像乔贵发一样头脑一热就买入。如果当时乔贵发多走访几家农民，去田间看看麦苗的长势，相信以他的聪明才智，这次"买树梢"的结果不会惨不忍睹。在现实生活中，不少人也会犯乔贵发这样的错误，根源并非无知和无能，而是过于自信，所以才会有所轻视，最后招致失败。或许，保持一颗谦卑的心对经营者而言更重要。毕竟，有些错误的代价实在太过昂贵。

◆ 口口相传的老字号

乔贵发回到祁县后，一直反思自己的过错，而秦兄弟则在包头照看着草料铺。虽然旅蒙商人都知道乔贵发他们“买树梢”损失惨重这件事，但是凭借多年的诚信经营，草料铺的生意依然可以维持。就这样，兄弟二人一个在老家反思，一个在苦苦寻找翻盘的机会。

乾隆二十年（1755），包头粮食大丰收，秦兄弟看到黄豆价格特别低，于是大胆地收购了一批。这本来是一次押宝，没想到还真的押中了。第二年包头大旱，黄豆成了紧俏货，秦兄弟将黄豆卖出一半，利润丰厚。这件事让他看到了包头市场的转机，于是他亲自跑到祁县告诉乔贵发这个好消息。

兄弟二人虽然许久未见，但是感情不减分毫。乔贵发得知秦兄弟“买树梢”成功后，着实为他高兴，但是当听到对方邀请自己回去时，他心中还是有些愧疚。最终，乔贵发在秦兄弟的再三劝说下，终于放下了心理负担，跟着秦兄弟回到了包头。

回到包头，乔秦二人抱着从头开始的决心进行了二次创业。回想当初的教训，乔贵发戒掉了之前沾染的恶习，就像第一次创业一样，彰显出一股旺盛的生命力，而且比之前更加成熟稳重。然而时过境迁，此时的包头与乔秦二人当初创业时差别很大，已经变成了一个人流往来密集、经济发展迅速的贸易小镇。这里最赚钱的生意既不是“买树梢”，也不是卖草料，而是经营食宿。另外，随着包头经济的发展，乔贵发他们的草料铺地段已经不是当地最好的了，虽然还有一些老顾客，但是受限很大。

经过几年的苦心经营，乔贵发和秦兄弟并没有赚到大钱，但是在包头赢得了民间的赞誉，大家都夸他们是仁义掌柜，做的是厚道买卖。虽然乔秦二人听着顺耳，但是口碑毕竟不能换来银子，他们在考虑如何东山再起。

这年大年三十，乔秦二人早早关了店铺，准备收拾东西过年。就在这时，一个老汉牵着一头毛驴投宿，驴背上还驮着一个毛口袋。乔秦二人见老汉有些可怜，就给他开了房间，还给毛驴加了草料。闲谈间，他们得知老汉是收废铁的，无依无靠。第二天，老汉准备付账离开时，乔秦二人免了他的账单，老汉却把那个毛口袋放在了店里。乔贵发提醒老汉拿走毛口袋，老汉却说口袋里装的都是废铁不值钱，暂时寄存在店里。

整整三年过去了，乔秦二人因为忠厚本分，竟然一次也没有打开那个毛口袋，上面落了一层尘土，但是老汉迟迟没来取走。一天，乔秦二人打扫卫生时准备挪一下毛口袋，却发现那毛口袋相当沉重。两人使劲儿一抬，毛口袋被扯开了，从里面掉出来很多明晃晃的金银元宝。乔秦二人虽然惊讶万分，但还是决定原封不动地放好，等老汉过来取的时候再还给人家。

一天夜里，乔贵发梦到老汉进门，他急忙说了毛口袋里都是金银元宝的事，没想到老汉坚称里面装的就是废铜烂铁。就在这时，老汉摇身一变成了财神爷，乔贵发急忙跪地磕头。财神爷说这些金银元宝就是对他们诚信经营的奖励。

第二天，乔贵发把这个奇怪的梦告诉给了秦兄弟，两人半信半疑，最后商量出一条对策：把这些元宝按照数量和成色记录在册，当作扩大经营的本钱，如果老汉回来取元宝，就连本带利一起还给人家。

乔秦二人有了资本，也有创业目标，他们决定再次搬家，至于搬到哪里，二人已经有了方向。当时，包头最有商业价值的地段在东河区一带，而且此后的200年间，这里一直是包头的商业中心，乔贵发和秦兄弟在这里积累了大量的财富，也从这里走向全国。

乔秦二人用手里有限的钱，将几家经营不好的铺子和地皮一同租了过来，又盖了几间房，还请了掌柜的。与此同时，他们的经营范围也扩大了，除了卖豆腐和豆芽，还卖些杂货、丝绸布匹、杂货粮油等。当然，“买树梢”的生意也没有放弃，不过二人都非常谨慎，没有了以前说出手就出手的冒失。

生意做大了，名字自然也要变。乔秦二人仔细商量了一番，还叫来了掌柜的一同想名字，最后请来一位德高望重的学者才最终定下了新名字——“广盛公”。为何起这个名字呢？生意人当然要图个吉利，不过这个名字里也有深刻的寓意：“广”意味着经营范围广泛，“盛”代表着兄弟俩对于铺子兴盛的希望，“公”表明店铺公正诚信的经营态度。

因为当时的商铺名字很少有叫“公”的，所以“广盛公”的出现着实让当地热闹了一阵子，这也从侧面证明了乔贵发的格局非一般人所能比，而这个二次创业诞生的广盛公，也成为日后乔家百年基业的原型。

广盛公在包头有着原来生意的根基，加上勤快的二人和妥善的经营，广盛公再次成为当地有名的商铺，收入翻了几番，经营范围和店铺面积也跟着扩大。之后广盛公越做越大，甚至做起了外地生意，成为远近闻名的店铺。后来，一些人看广盛公生意红火，也取名叫某某公，但无奈的是他们没有学习到广盛公的经营本事，很多最后都没落消失了。由此看来，名字跟风不如经营模式跟风，虽然名字里蕴藏着经营者的商业策略和做事格局。

从乔贵发的创业经历中，能够看出他对店铺地点的重视。三次更换地点，每次都让创业上升一个台阶。从萨拉齐到西脑包，再到东河区，几个地点的选择都符合当时、当地经济的发展，每一次搬家都占据了有利的地理位置。

广盛公经过扩大，收入逐渐增多，此时的乔秦二人野心越来越大，他们看着广盛公的经营步入正轨，心中开始向往更大的经商舞台。

随着资金的丰富，广盛公增加了存钱、放钱的票号生意。票号是明末清初的产物，主要以汇兑业务为主。山西日升昌票号是中国最早的票号，它的兴起，带动了一大批山西票号的发展。广盛公就是乔贵发和秦兄弟顺应时代潮流的产物，后来广盛公逐渐将票号的生意作为主要生意，也让乔家成为载入史册的晋商。

晋商的发展历史即代表了山西票号的发展历史，其中平遥、祁县和太谷三县的票号生意堪称山西之最，是山西最先发展票号生意的地方，是当时山西的新兴产业。票号的生意涉及资金规模比较大，需要一定的财力才能做。广盛公有着从前经营的积蓄，加上乔秦二人积攒的资金，是有能力开拓票号业务的，但仍需要慎重行事。任何一笔稍大的票号生意出现问题，都可能影响广盛公的经营，而在票号经营中这又是不可避免的。

当时，广盛公的经营范围是一体的，虽然有各自的小账本，但是钱是一起用的。有一年，因为账面上数字丰厚，根据以往的经验，近期也没有来兑换银票的商家，正好可以拿出一大笔资金来做其他生意，以扩大经营规模。结果，这时突然有商人来提钱，广盛公账面上的钱不够，两兄弟到处拆借才凑够了银两。

像初期的广盛公一样，很多票号都面临着资金问题。有些票号兼顾着其他生意，拆借是常事；有些票号则因为问题放贷和提款等陷入困境。在票号生意大火之时，涌现出许多出色的晋商，但更多的是默默无闻的票号和因为经营失败退出的票号。票号的经营涉及大量金钱，是古代带有资本色彩的信用机构，除了钱还要讲究信誉。

山西的大票号，许多是由商帮转变而来的。商帮从事长途贩运的活动，商品流通时间长导致资金运转较慢，为了保证资金充足经常需要借款以进行周转，由此逐渐开设了存款业务，用存款充当贩运的资金，后在此基础上逐渐发展为票号。票号生意逐渐红火起来，有些商帮便放弃了贩运生意，专心经营票号。

票号与票号之间，尤其是晋商的票号之间，并非各自为政。也许是跟商帮的前身有关，各票号间虽有竞争，但互助意识十分强烈，当哪家信得过的票号需要拆借银两，其他票号都会伸手帮忙。成功的商号会将自己的商号开到各个地方，每个分号服从总部的调配，统一结账分红。前期票号主要服务的对象为商人，他们的资金流动大，给票号带来不少利润。之后随着经营范围的扩大，票号也开始服务百姓，存钱、放钱积少成多，票号也收获不少的利润。

在清朝经历了太平天国运动以后，为了解决税收、军饷、官商等资金流通问题，全国各地的票号也开始服务国家、各政体和官僚等。此时的票号已经有了完整的运作体系，不仅银两的运作安全可靠，而且开始重视保护客人隐私。因为和官吏等接触密切，一些有能力的商号还承担着卖官鬻爵的工作，从中获利。之后的复盛公，因为与朝廷关系密切，便有这类收入。

票号兴盛之时，影响着整个国家的经济命脉。随着社会的发展，票号逐渐被钱庄和银行取代，但历史上有一段时间，三种经营模式并存，共同承担着国家的金融业务。鸦片战争以后，外国银行的出现，在一定程度上挤压了票号和钱庄的市场生存空间，只不过因为票号和钱庄有官府支持，所以在一定时期内仍然占据着金融市场的主流地位。后来，随着新思潮的涌入，银行这种更科学、更现代的模式逐渐被人们接受，而票号则逐渐显露颓势，最终退出历史舞台。

票号的兴衰历史，从侧面见证了中国经济从封建模式走向现代化的进程。聚焦在乔氏家族的发展史上，票号经营让乔家的百年基业有了稳固的根基，乔家人也借此垄断了包头的商业，享受着这块风水宝地的恩泽。当然，财运并非天赐，它只留给有准备的人。乔贵发不是天选之子，他只是在时代和社会的变革中找准了商机的智者。

第三章

建立乔家的商业帝国

◆ 娶妻生子续香火

经过坚持不懈的奋斗，乔贵发终于从一个遭人白眼的光棍汉变成了腰缠万贯的富商人。现在包头城内没有不认识他的人，个个见了他都毕恭毕敬，乔贵发终于体会到了什么叫“扬眉吐气”。

这一年的中秋佳节，乔贵发在院子里惬意地赏月，不由得想起了家乡。如今他已经出来奋斗十几年了，当年那个十七八岁的傻小子现在成了三十多岁的精明汉子，可他仍然是孤身一人，这让他如何对得起九泉之下的双亲呢？毕竟，延续家族的香火是他应尽的义务，于是娶妻生子这件事被摆在了桌面上。

乔贵发虽然发达了，但是成家并不那么容易。如果在包头本地找个姑娘，那么他可以随便挑。但是这样一来，乔贵发就只能长住在包头，老家父母的坟地谁来照管呢？给父母上坟扫墓，这也是他应尽的义务，所以他不能在本地成亲。另外，飞黄腾达的乔贵发也想荣归故里，让老家那些曾经羞辱过他的人见证他的成功，毕竟喜宴受辱一事仍然历历在目，这种复仇的渴望始终没有被浇灭。

一番权衡之后，乔贵发决定回到祁县乔家堡成家，这样既能告慰父母的在天之灵，又能实现他衣锦还乡的人生夙愿。

第二年的清明节之前，乔贵发从包头起身，策马扬鞭直奔祁县老家。在清明节的前一天，乔贵发到了距离乔家堡十五里地的贾令镇，找了一家客栈安顿下来，然后购买了元宝、蜡烛、纸钱、供品。第二天，乔贵发来到父母坟前。他本以为这里早就荒凉得不堪入目了，没想到父母的坟头上竟然有上香烧纸的痕迹，这让乔贵发大吃一惊。要知道，在乔家堡，他可没有亲人了。

疑惑的乔贵发来到坟地旁的自家院子里，却看到一个年轻的女人和一个小男孩住在他原来的屋子里。经过询问，乔贵发才得知原委。

原来，这个女人是个寡妇，也是乔家堡的，之前和乔贵发有过交往。后来她嫁到一户人家，过门没多久丈夫就死了。婆家认为是她克死了丈夫，于是就把她撵了出来。此时寡妇已经怀了孕，娘家也回不去了，她只好住在乔贵发的老宅里。作为补偿，逢年过节她都会给乔贵发的父母上香烧纸。

或许这就是天作之合，本来以乔贵发的条件，不该娶一个带孩子的寡妇，但乔贵发认为她是最佳人选：第一，他们曾经有过一段朦胧的恋情，只是迫于客观条件未能结亲；第二，寡妇虽然带着孩子，但姿色尚在，也不怕抛头露面；第三，乔贵发感念寡妇这么多年代替自己给父母上坟尽孝；第四，乔贵发坚信寡妇能够和自己一心一意过日子，而他常年在外经商，家里需要一个能独当一面的女人，这是那种娇生惯养的千金小姐不能比的。经过权衡利弊，乔贵发最终下定决心，娶寡妇为妻。

乔贵发与寡妇程氏结为连理以后，乔家的生意也逐渐后继有人了。乔贵发一共有三个儿子，大儿子乔全德是寡妇带来的，二儿子乔全义、三儿子乔全美是他的亲生骨肉。不过，乔贵发对他们一视同仁，让三个儿子平均继承了他的家业。

随着乔家买卖越做越大，三兄弟就有了分家的打算。这倒不是因为他们之间产生了矛盾，而是出于三方面考虑：第一，乔贵发盖的四合院已经容纳不下人丁兴旺的乔家；第二，复盛公财源广进，乔家也有能力进行扩建；第三，小儿子乔全美已经成家，需要自立门户。除此之外，三兄弟也考虑到朝夕相处可能引起纠纷，分开之后反而能和睦相处，于是就开始了建房分家。

经过兄弟三人协商，老大乔全德在村中心地带买了一块地皮，也就是后来乔家大院的西面，在这里建了一栋二进连套的大院。老二乔全义在位于村北边的老院子基础上扩建了一栋二进连套的大院。老三乔全美也在村中心买了一块地皮，建了一栋二进连套的大院，位于乔家大院的东北。

乔家兄弟各自有了宅院以后，也有了属于自己的堂名：乔全德的是“德兴堂”，乔全义的是“宁守堂”，乔全美的是“在中堂”。

人们对这三个堂名一度有争议。有的认为是属于乔家“全”字辈的，也有的认为是属于乔家“致”字辈的。不过综合来看，属于“全”字辈的可能性更大，因为三个堂名都暗合了“全”字辈的名字：“德兴堂”暗合乔全德的“德”字；“宁守堂”暗合乔全义的“义”字（“守义”之谓）；“在中堂”暗合乔全美的“美”字（美在其中）。

在乔贵发这三个儿子中，最有经商潜质的是二儿子乔全义。乔全德从小跟着程氏受苦，没有受过多少教育，而且资质比较平庸，无法委以重任。三儿子乔全美虽然天资聪颖，也很受父母宠爱，但是他常年体弱多病，也无法承担重任。相比之下，乔全义既有聪慧的天资，也有后天的努力学习，而且品行端正，身体健康，综合素质最高，是最值得乔贵发委以重任的人选。当然，这些都是后话。

乔贵发回老家娶妻生子以后，原来的老房子自然是无法再满足他的需求，也配不上他的身份，所以他在原来的老院子里重新盖了一个像样的四合院。不过他并没有过分讲究排场，因为此时的乔贵发深知自己是广盛公的主心骨，必须从长远考虑，赚的钱不能大手大脚地乱花，必须留出一部分应急资金，这都是吸取了之前“买树梢”留下的惨痛教训。

对于乔贵发的深谋远虑，在当时很多人并不理解。人们本以为他会像秦兄弟那样在县城大规模地起房盖屋，显示自己的财大气粗，结果他只是对老宅进行了低调的翻新。其实，这也正是乔贵发的高明之处，这种远见让他为广盛公预留了一手，成为日后广盛公扭转败局的关键。

◆ 倾家荡产挽救危机

广盛公开业后，乔秦二人因为吸取了之前的教训，采取了稳扎稳打的经营节奏。经商过程中掌握的经验会让他们小心谨慎，而掌握的财富却有可能让他们大胆冒进。不过，当资金再度积累到一定程度之后，之前积攒的经验也不容易发挥作用了。

或许是宿命，或许是性格使然，乔秦二人的几次大起大落都与“买树梢”有关。正当他们春风得意之时，二人又一次因为“买树梢”跌入谷底。

随着生意日渐兴隆，乔秦二人的年纪越来越大，他们再也拿不出年轻时的充沛精力，所以很多事情不再亲力亲为，而是交给了自己信得过的人去打理。为此，他们雇用了一位大掌柜和许多小掌柜，把生意交给他们，两个人则结伴回了老家。殊不知，正是这次离开才引发了后来的危机。

广盛公的盈利，一半给乔秦两家，剩下的一半根据大掌柜和小掌柜的职位、年限和贡献分红，以鼓励每个员工做得更好、更努力。在所有员工的努力下，广盛公比以往更加兴旺，很多客户信赖他们，将闲钱存在了广盛公。本来就有一定积累的广盛公，有了客户的存钱更是如虎添翼，得以继续扩大经营，而广盛公的掌柜们首先注意到的就是“买树梢”。虽然广盛公一直在做这种高风险的投资生意，但买的数量有限。这次账面充实了，掌柜们的胆子也大了，就想买笔大的，多分点红。结果，大掌柜把账面上的钱都用来“买树梢”。这已经是十分大胆的举动，没想到的是他又对行情做出了错误的预判，结果秋收时栽了大跟头。

“买树梢”不是个能“藏”得了的买卖，更何况广盛公树大招风，于是广盛公“买树梢”失败的事很快就传开了。村里存钱的人怕出事，都来取钱，有欠款的商家也来催债。大掌柜没办法，只能停业三天，让账房先生清点账面。最后发现，需要兑现的银两达到了十万多两，而店里的银两和货物加起来只有三万多两，并且其中的货物一时难以脱手，想要现钱比登天还难。可以说，这是广盛公开业以来遇到的最大难题。

顾客们苦等了三天，因为害怕存的钱打水漂，早就不耐烦了，期限一到就上门催债。催债的顾客看大掌柜说不出什么，都比较激动，开始拿店里的东西抵债。

乔秦二人雇用的这位大掌柜，是个久经商场、见过世面的人，做事情很有一套。他先找了几个小掌柜，稳定了内部核心成员的心态，再开门面对催债人。然后，大掌柜站在门外的台阶上，面对催债人，不卑不亢地表明这次广盛公“买树梢”栽了跟头，但是以广盛公的信誉，希望大家再给他们几天时间调集银两，他一定会给大家一个满意的答复。

在给顾客吃了定心丸以后，大掌柜马上切入正题：“这三天，我和账房清点了财务状况，现在账上只有三万多两。但是大家知道广盛公这么多年不会只有这么点积蓄，给我们几天时间，银两到了一定会如数给各位兑换银两。”广盛公在包头一直是信誉的代表，凭借多年的诚信经营，加上大掌柜的话在理，顾客愿意再给他们半个月时间。

此时，乔贵发和秦兄弟都已经离开了人世，生意上的事情早已经交给了孩子们，而秦家和乔家此时还不知道广盛公出了这等大事。大掌柜安顿妥当之后，连夜去找乔家和秦家，首先是要解决这件事，其次是要为此次“买树梢”的事请罪。

大掌柜首先来到了秦家。当初秦兄弟回家本就有衣锦还乡的意思，他用拿回去的钱买了地盖了房子，把剩下的钱给家里人分了，自己也不再管生意上的事，将生意全部交给了孩子打理。现在秦家的当家人能够拿出的钱是少之又少，一听说亏了十多万两，心里更是打起了退堂鼓。大掌柜猜想秦家人可能不知道广盛公的危急情况，声泪俱下地说：“这回不拿银子，广盛公可就真保不住了。”可是秦家人一来没有钱，二来不相信广盛公到了此等境地，最后不仅拒绝了大掌柜，还说了一些难听的话。

大掌柜从秦家出来，心中五味杂陈，自知事情难以解决，人生已经走投无路，想一死了之。可是又一转念，那些在包头等他回来的小掌柜和催款的顾客，他们该怎么办？大掌柜又鼓起了面对危机的勇气，把最后的希望放在了乔家。

大掌柜刚到乔家就跪了下来，乔家开门的人不知道发生了什么事，问过大掌柜才明白此事重大，赶紧将此事告诉给了乔家当家人。此时，乔家的事情全部由乔全义处理。乔全义出来一看大掌柜这架势，就知道广盛公出了大事。乔全义先将大掌柜安顿好，让他洗漱完吃了饭，自己去查了查家里的账。

大掌柜休息好后，将这次“买树梢”的事一五一十告诉了乔全义，而且讲明了事情的严重性：如果这次不能拿出十多万两银子，广盛公就支撑不下去了。他还说了自己去秦家的事，转达了秦家的态度。乔全义找来了大哥和三弟，向他们说明了目前广盛公的情况，还提到了乔贵发生前留下的银子。

原来，乔贵发早有打算，他在世时就对孩子们说过生意本就有赚有赔，让孩子们收了分红多攒下来，以备生意上的不时之需。他还嘱咐孩子们一定要照顾好广盛公，由此可见乔贵发非凡的商业眼光。他既预料到广盛公的生意前景明朗，也预感到将来会出现问题，所以提前备下了银两并让孩子们尽量保全广盛公。

大哥和三弟都明白其中的利害，自然支持乔全义的做法。不过，乔全义一时间也拿不出十多万两银子，当时只能凑出三万多两，就只得先把这些给了大掌柜并且嘱咐了几句。大掌柜拿到银两感慨万分，马上雇了保镖和骡马队，星夜兼程地赶回包头。大掌柜之所以急着回去，是因为这些银两虽然不足以补上广盛公的窟窿，但是能解燃眉之急。与其滞留在祁县干着急，不如先回去还一部分钱，稳住催款的顾客。

从包头到祁县的往返路程，以往至少要用一个月的时间，不过这次大掌柜一来一回只用了半个月的时间，用行动诠释了什么叫"心急如焚"。回到包头以后，不仅大掌柜自己衣衫尽湿，就连驮银两的骡子都满身是汗。紧接着，大掌柜将装银两的箱子卸在院子里，打开盖子亮出来白花花的银子。

大掌柜这么做不是为了炫耀，而是想让催款的顾客看一看，广盛公是有能力还钱的。果不其然，大掌柜拿回来钱的消息迅速在包头传开了，人们都在院子外面张望。有几个来催账的，大掌柜就指着院子里的银子说："这不是还没到时候嘛，你看这院子里的银子有假的吗？"人们见此情景也放下了心。

虽然乔家的三万多两银子解了广盛公的燃眉之急，但是钱款仍然有七万多两的缺口，危机还没有真正解除。

店里的伙计看到大掌柜拿回了银子，以为问题解决了，都松了一口气。只有大掌柜和乔家知道，目前最关键的是稳住顾客、筹集银两。可一时间谁都拿不出来这么多的银两，其他票号怕广盛公这次是笔烂账，也不敢借给他们。大掌柜只能自己在包头想办法，他临走时乔全义也说会继续想办法凑银子。

大掌柜到秦家和乔家，两家人的态度截然不同，这与当时的广盛公人员结构有关。当时的广盛公已经不是乔贵发和秦兄弟当家做主时候的广盛公了，自从聘请了掌柜，广盛公的经营就已经发生了质的变化。从前的广盛公像是兄弟二人一起创办的公司，而现在秦家和乔家更像是以股东的方式存在，主要的经营权都交给了掌柜的。分红方面，秦家和乔家共拿一半，其余的一半由大掌柜、小掌柜和伙计根据分工不同进行分配。正是这种新的经营模式，才让风险更多地落在了大掌柜的身上。而乔家能够拿出银子救急，足见他们对广盛公的重视。

暂时稳定人心的办法只是权宜之计。这一晚许多人安心地睡去了，但是对于大掌柜来说，注定又是一个不眠之夜：这可能是广盛公的末日，也可能是广盛公的重生。

◆ 绝地逢生的买卖

距离兑现的日期还有几日，大掌柜继续想办法稳定催债人的心，只有他们的情绪缓解下来，才能有更多的时间筹集银两。他决定做一场戏给他们看。为此，大掌柜吩咐小掌柜们将银子收好，先不要兑现银两。如果有人来问，就说他去祁县取银子去了，而他自己则领着骡子队二上祁县。

大掌柜到底在盘算什么呢？其实，他在表演一出“空箱计”。他带着空箱子到祁县，从祁县回来箱子里装的都是石头，沉甸甸的样子，从外面根本看不出来。回到包头以后，顾客们看大掌柜又拉来这么多银子，之前有关广盛公要倒闭的传言就不攻自破了。这样一来，大家悬着的心终于放下了，他们反而开始考虑要不要急着兑银子，毕竟提前兑银子会损失利息，况且自己并不急着用钱。于是一些顾客纷纷打消了之前的念头，剩下的那些人，大掌柜手里的三万多两银子也足以应付了。

大掌柜为广盛公争取到了宝贵的喘息时间，但这毕竟只是权宜之计，当务之急仍然是要凑够银子。如何在短时间内赚到钱呢？大掌柜几经思索决定做一次旅蒙生意。为了预防意外，大掌柜先是把店里的情况向一位信得过的大先生交代清楚，然后自己带上店里的骨干分子，又弄来了百十头骆驼。

那么，大掌柜要去哪里赚钱呢？因为广盛公每天都会接待旅蒙客人，通过和他们攀谈大掌柜早就了解了市面上的行情，得知当时最好做的生意在后营。

后营位于今蒙古国境内，就是今天的科布多。当时的后营虽然土地肥美，盛产牛、羊、马和骆驼，但是交通闭塞，缺乏生产物资。于是，大掌柜置办了许多当地人缺少而且利润大的茶叶、丝绸等物资，就带领着人和骆驼前往后营了。

通往后营的道路十分难走，不仅偏远而且危险，一路上不仅要看天气赶路，还要躲避野兽袭击。历经一番辛苦，大掌柜一行人终于到了后营。凭借他和旅蒙商人打交道多年的能力，应付几个蒙古人还是不成问题的，加上这次带来的都是店里最精明强干的人，所以这次生意做得顺顺利利，赚了一大笔。

大掌柜探索出了一条来钱的道路，于是开始了对成功模式的复制。他带着这支队伍连续干了几年的旅蒙生意。第一个账期，他用了三年的时间就将亏损补上了；到了第二个账期，广盛公就重现了以往的兴盛。这样，经过六年的时间，广盛公最终恢复了元气，“买树梢”亏损的局面终于得以解决。

在大掌柜努力赚钱期间，乔全义还派人送来一些银子，虽然数目不多，解决不了大问题，但也算是尽了一份心意。和乔家相比，秦家这次没有做出任何回应，完全没有了当年秦兄弟对乔贵发的那种仗义。

大掌柜虽然在“买树梢”一事上栽了跟头，但他自己扛下了所有，用六年的时间最终恢复了广盛公的辉煌。心里的石头落了地，大掌柜决定去向东家述职。

按照广盛公过去立的规矩，每三年为一个账期，两位东家会到包头来小住一段时间，一是来查看店铺情况，二是来看看账面分红。不过自从“买树梢”事件以后，两位东家已经六年没有来包头了。为此，大掌柜打破惯例，决定亲自去秦家和乔家跑一趟，说明广盛公现在的情况。

临行前，大掌柜组织店里的伙计聚会，因为终于补上了账面，他心里十分高兴，也十分感谢这些跟着他打拼的伙计。第二天，大掌柜带着几个人出发了。他们到达祁县以后，见到了乔全义。大掌柜把这几年广盛公的经营状况一五一十地告诉给了乔全义，没想到话刚说完，乔全义竟然“扑通”一声跪了下来，对大掌柜说：“您老辛苦奔波六年，保住了广盛公。晚辈在这里没有帮上一点儿忙，实在是心里惭愧。乔家永记先生辛苦，请受侄儿一拜。”

当年，乔全义将辛苦攒下的三万多两白银交给大掌柜之后，想继续拆借一些帮广盛公渡过难关，可是翻遍了账面，能想的都想了，就是找不到办法。没了存银加上这几年没有分红，乔家人的生活水平直线下降。虽然乔家和秦家都各自在家乡发展了新生意，不过广盛公仍然是他们的主要经济来源，而广盛公的危机让两家收入骤减，所以乔全义才对大掌柜表示了如此真切的感激之情。

亏空的问题解决了，接下来就是乔家三兄弟与大掌柜商量分红的事情了。当年乔家两次共拿出了四万两白银帮助广盛公堵窟窿，这些钱不能理解为东家借钱给广盛公，而是应该算作入股，这才是最公平的算法，毕竟那个时候没人愿意投资广盛公。这样一来，乔家和秦家的持股比例就发生了变化，乔家在广盛公占据了大部分股份。

大掌柜算完了和乔家的账，又去秦家陈述近几年的经营状况，也顺带讲了乔家拿银子挽救广盛公和股份变化的事。秦家人虽然心里不甘，但是确实没有拿钱出来挽救广盛公，再加上想要继续拿广盛公的分红，对大掌柜也有几分忌惮，就接受了新的股份分配方式。最后经过计算，广盛公的股份一共分为十四个财股，其中，秦家占三股，乔家占十一股，乔家占据了大头，和之前相比有了显著的提升。

由于之前经历了一次致命的危机，接着又发生了股份变更，乔家决定将广盛公改个名字，既有冲冲晦气的意图，也代表着现在的广盛公和过去不同了。但是，如果完全放弃之前的名字，就等于丢掉了积攒多年的人气和声望，这是生意人最忌讳的。所以思前想后，乔家最后把“广盛公”改名为“复盛公”，这个“复”字就有“复兴”和“恢复”的意思。至此，广盛公成了历史，而复盛公开启了属于自己的时代，这一年是嘉庆六年（1801）。

回顾过去艰难的六年，大掌柜和伙计们是最辛苦的。在危急之时，他们没有离开广盛公，反而更加努力工作。他们将广盛公当成了自己的事业，一方面要照顾广盛公原本的生意，另一方面要做旅蒙生意。如果不是他们尽心尽力地工作，就不会有现在的复盛公。在这次股份变更后，乔家也重重地奖励了他们，给了他们更多的分红，让他们过上了舒心的日子。

乔贵发和秦兄弟创办广盛公之时，是两人合伙经营，各占百分之五十的股份。两个人性情相投，以兄弟相称，经营理念上也彼此支持。如今，已经脱离经营一线的乔家和秦家，对待生意的态度已不同，在经营理念也产生了分歧，乔贵发和秦兄弟的后代不再有当年的亲密无间，一道无形的裂痕在他们之间形成。

做生意原本就要冒风险，接纳高收入的同时也要有风险意识。虽然广盛公的事情都交给大掌柜负责，但是，既然分红的时候东家拿钱，损失的时候东家自然也要一并承担，这才是对待生意的正确态度。乔贵发去世前，曾经告诉乔全义，做生意有挣就有亏，一定要正确对待，要有危机意识。在“买树梢”这件事上，乔贵发虽然说不上是未雨绸缪，但是仍然做了准备，才保住了广盛公。

相比之下，秦家的态度让大掌柜和一众伙计心寒。秦家没有像秦兄弟那样的商业眼光，所以当广盛公遭遇危机时，他们只看到眼前的问题，盘算的是自己的利害得失，却忽略了广盛公存活下去的价值，更忘了自己也是首当其冲的利益关联者。回顾乔秦二人创业时，他们虽然没有血缘关系，但是亲如兄弟，同坐一条船，一荣俱荣、一损俱损。他们在危难时刻考虑的是共同利益，忽略的是个人利益，正是这种眼界和胸襟才让他们有了后来的成就。

秦家未能继承先人的商业韬略，反而在这次事件中展现出缺乏经济头脑甚至市侩的一面，这意味着秦家和乔家再也无法复制上一代人的合作美谈，乔家将接过大旗成为日后的主力。

◆ 扩大地盘搞连锁

大难不死的广盛公不仅改了新的名字，还在百姓心中留下了诚信的印象。复盛公的生意逐渐步入正轨，而且有了“买树梢”的前车之鉴，复盛公在经营上更加小心翼翼。

大掌柜、乔家和秦家三方开始商量店铺接下来的经营，他们决定给店铺留出一部分资金用来应急。大掌柜承诺不会将钱都投入一个项目里，会更加妥善地经营复盛公。虽然“买树梢”失败了，但大掌柜六年的苦心经营和力挽狂澜的努力，乔家和秦家都看在眼里，在他们心目中，大掌柜仍然是值得信赖、踏实可靠的主事人，无人可以替代。

这次经历，对于复盛公的员工也是一次锻炼。通过几年的旅蒙生意，他们增长了见识，锻炼了能力。在此期间成长起一批可以独当一面的小掌柜。大掌柜也在复盛公的工作迈入正轨后，有意锻炼他们，因为人总会老去，要想维系复盛公的百年基业，就必须培养接班人。

在选大掌柜这件事上，乔贵发和秦兄弟无疑是正确的。他们看中的人不仅胆大心细，而且聪明有办法，生意上遇到问题的时候不慌不忙，能够静下心来思考解决办法，还有作为掌柜的最重要的一点——责任心。这样的掌柜不是一朝一夕能够练成的，需要经商的天分和后天的磨炼。这些能力不仅是古代对于大掌柜的要求，也是现代企业管理者需要具备的能力。

对于大掌柜来说，“买树梢”这件事是他人生中一次重要的历练。在此之前，他只是一个踏实肯干的主事人，有管人的能力，但缺乏做事的信念。他掌管生意更多的是为了尽心尽责，并没有想过来一波逆风翻盘。但是经历了“买树梢”事件，大掌柜的统筹能力和协调能力以及对市场的掌控力都上了一个台阶，他的做法符合一个旧时代商人的良心。不夸张地讲，没有大掌柜的绝境求生，就不会有广盛公和复盛公，更不会有乔家的百年基业。

和大掌柜一起成长的还有乔贵发的三儿子乔全美。他从小就是家里的宝贝疙瘩，跟着父亲和哥哥学习了许多经商的门道，还读过书，是乔家新一代的代表人物，乔家的生意逐渐移交到了他的手上。

没有“买树梢”事件，乔家第二代的这些孩子也的确缺少锻炼的机会，很容易成为温室中的花朵，但是经过这次劫难，这些继承者也算经历了大风大浪。就在这时，精明的大掌柜再次发现了商机。他看到包头一带商业迅速发展，金融活动越来越多，认为应该趁这个机会再开设一家专门经营存放款业务的钱庄，这样就可以和复盛公互相照应，买卖会更加稳定，上升的空间会更宽广，有百利而无一害。

此时，乔家兄弟年纪都不小了，他们经过商量之后觉得大掌柜言之有理，而且他们手头都有一些积蓄，做点正事总比干其他事要强。于是，乔氏三兄弟集三万两白银作为股本，并委托大掌柜物色一个精明能干的人打理新的钱庄。考虑到和复盛公的关系，新开的钱庄被命名为“复盛全”，“全”字暗合三个兄弟的“全”字。

有了东家的银子和表态，大掌柜开始物色地段。经过一段时间的考察，他最后选中了复盛公往西几百米远的一座财神庙附近。因为这里既是一条繁荣的商业街，又位于临街的地段，和老字号相隔不远，还能借助财神爷的保佑，可谓完美的一个地段。

1829年，乔家在包头的第二个字号——“复盛全”正式开业，这是乔家第二代人操办起来的产业，对乔家商业未来的影响至关重要。

咸丰年间，因为有客户资不抵债，将包头南龙王庙附近的二百八十亩水地抵给了复盛全，复盛全马上在水田上建起了复盛菜园，种植蔬菜，成为当地最大的菜园，渐渐垄断了包头的蔬菜市场。同治三年（1864），乔全美继续扩大乔家的地盘。这次是大手笔投入，足足花了六万两银子，在瓦窑沟南口开设复盛西当铺。除了当铺的生意，乔全美还涉足粮油米面、裁衣制衣等领域，像当年的乔贵发一样，搞起了综合性门店。

光绪元年（1875），乔家开设通合店，售卖粮油米面；光绪三年（1877），乔家开设广顺恒钱铺；光绪十三年（1887），乔家开设法中庸钱铺。随后，乔家陆陆续续开了十多家钱铺、当铺和粮油店，多选在包头主要的街道，经营范围涵盖了百姓生活的方方面面。

乔家主要的生意集中在复盛公、复盛全和复盛西三家铺子，铺子间既有竞争关系又有合作关系，形成良性的内部关系。

此时，乔家采取的经营策略是扩大地盘搞经营。乔家后续开的铺子都是和人们生活息息相关的，主要满足人们对衣食住行钱最基本的需求。乔家认为，只要地段好，商品质量和服务跟得上，就不愁没有销路。虽然乔家选择的地段都在人流密集处，地租贵了些，但是有人就有销量，铺子因此赚了不少钱。而且因为有前车之鉴，乔家在扩大经营的过程中一直秉持稳重踏实的理念，对于没把握的生意慎之又慎。

在教育问题上，乔家和秦家也采取了截然不同的态度。虽然乔贵发本人没有读过什么书，但是他对读书人是很尊敬的，尤其在经商多年后，更加看重读书人的学问。家中有点钱后，无论媳妇带来的孩子，还是自己的亲生骨肉，乔贵发都让他们学知识。到了乔全美这一代，乔家人逐渐摆脱了农民身份，成为富甲一方的商人。为了保持复盛公的兴旺，乔全美制定了一套严格的店铺规矩，并制定了“五不准”的家规来约束子孙：一不准吸鸦片，二不准纳妾，三不准赌博，四不准冶游，五不准酗酒。

正是因为有了两代人的努力，才有了后来走上仕途的乔家人。朝廷的庇护，加上经营有方的当家人，使乔家成为载入史册的晋商杰出代表。

相比之下，秦家的教育模式就失色多了。他们没有合适的当家人，缺乏长远眼光，加上挥霍无度，不断从复盛公中抽股，最后在复盛公的十四个财股中仅占一厘二毫五——可以说此时的复盛公已经与秦家没什么关系了，无论是股份还是话语权，秦家都已经成为复盛公可有可无的存在。

复盛公沿用了原来的分账制度，三年按股份分红一次。当年乔贵发回乡娶妻生子之后，便将广盛公的股份分给了三个孩子。从嘉庆元年（1796）到道光五年（1825），乔家在复盛公分得的白银超过三十万两，而秦家只分得乔家的零头。两相对比，泾渭分明：乔家在积极拓展包头的生意，秦家则在不断抽离广盛公。出现这种结果，根源还是两家不同的教育理念——在不同的理念之下，必然会产生不同的生意态度。

时过境迁，沧海桑田，如今乔家和秦家无论是经济实力、教育理念还是经商思维，都拉开了差距，这是已故的乔贵发和秦兄弟不曾想到的。这种差距体现在两家生活和生意的各个方面，而这种从“秦兄弟”到“秦家人”的关系转变，也不由得让人扼腕叹息。

乔家在包头的商铺种类多，涵盖百姓生活的各个方面，加上店铺经营状况良好，人们也乐于来购物、食宿和存款、借贷，这种经营方式已经有了现代企业的影子。对于很多经营者来说，当生意达到一定规模以后，一旦开启连锁店铺的模式，就能更高效地打开市场并树立自己的品牌。

当然，这种扩大经营的方式也隐藏着一定的风险，要考虑的问题较多。比如，产品的质量如何保障；再如，人员的管理如何有效；等等。连锁经营既能检验经营者的综合素质，也能检验一个品牌的市场生命力。乔家之所以成为商业故事中的经典，是因为它对质量和品牌的百年坚守受到后人的尊崇。

◆ 包头经济成大事

乾隆初期，包头还是个只有几十户人家的小村子，全村不过三百来人。广盛公创办时，包头的常住人口已经发展到一千多人，形成了自给自足的经济体系，不仅有各行各业的店铺，还有自发成立的“商贾会馆”，后来“商贾会馆”逐渐代管了包头经济的地方事务。

嘉庆六年（1801），包头经济继续蓬勃发展，此时常住人口已达到四千多人。到了嘉庆十四年（1809），包头常住人口突破了六千人，包头村正式发展成为包头镇，由此增加了更多的行政机构。道光元年（1821），“商贾会馆”改为“大行”，除了基础的经济事务外，还监管当地的打架斗殴、民间纠纷和官府的一些差事。道光二十八年（1848），包头的经济模式粗具规模，朝廷为了方便管理，在包头设立了包头镇税厅，专门负责税收一事。

道光三十年（1850），黄河水涨，托克托城南的码头被淹，附近商人涌入包头镇，包头南海子码头成为新的商运码头，包头由此变成黄河中上游的水路枢纽。包头的经济呈现百花齐放的局面，其中有运气的成分，也有包头较为完善的经济体系的功劳。

随着经济的繁荣，包头的社会问题也开始变得复杂起来，除了商贩间的竞争、市场的规范问题以及旅蒙商队经常遇到的盗贼问题外，还出现了战乱和起义等较为严重的问题。当地商户在大同镇总兵马升的领导下，共同出资建立了包头的城门、城墙和街道。

在旅蒙生意火爆的背景下，包头本地经济蓬勃发展，包头周围的经济也被带动起来。当然，包头的繁荣也离不开乔家等商人的经营和建设，毕竟这是一座依附商业活动形成的城镇，有着鲜明的商业特色。乔家对于包头经济的贡献是有目共睹的，十多家铺子散落在包头繁华地段，为旅蒙商人和当地百姓提供着衣食住行钱等多方面的服务。复盛公是最早在包头扎根的外地商铺，也是对当地影响最大的商铺，更是晋商历史上值得大书特书的一部分。

包头的发展也和山西的政治、经济崛起有关。明朝时期，北方成为中国的政治中心。为了抵御外敌，明朝在这里先后建立了九个边关重镇。大量军队在这里驻扎，物资耗费巨大，这给了包括祁县商人在内的晋商机会。据史料记载，由于气候欠佳和土地相对贫瘠，祁县这一带缺少土特产，没有可供出售的经济作物，也没有矿产，所以经商就成为当地人改变生活的唯一出路。另外，祁县处于山西的交通中枢，信息发达，通商便利，天然适合商人走南闯北做生意。道光年间，北京城有三百多家粮店，其中有一百多家是祁县人开的。

清末时期，信息的传播速度极为缓慢。不过，在包头一带做生意的人比较重视信息的交流和传递，因为信息代表着金钱和效率。他们总会把商家的信息传递给更多的人，这在无形中加快了信息的传播。乔家的生意就是在这样的环境下，形成了口碑，招徕了更多的顾客。这种现象在一个工业技术并不发达的封建社会是罕见的。

在包头，乔家的铺子无人不知，这些铺子也帮乔家积累了许多财富，让乔家成为包头城内数一数二的富商。当地人甚至编出“先有复盛公，后有包头城”的顺口溜。虽然乔家的作用并不是决定性的，但复盛公的确是在包头成立时间最早、持续时间最长、影响力最大的老字号，整整一百五十年的金融加持作用，对一个城市的贡献是有目共睹的，而且它在全盛时期在包头衍生出十几个独立的分店，在某种程度上比官府的作用还大。

如今，包头市建了一条乔家金街，用来纪念乔家对包头所做的贡献。乔家金街位于包头东河区，是乔家一直活跃的地带，也是包头早期的经济中心。

在包头成功立足以后，乔家并没有停下扩张的脚步，依靠在包头形成的雄厚资本和旅蒙商队的关系，乔家的生意开始向全国辐射。光绪十年（1884），乔家开设大德通和大德恒票号，宣告乔家迈向全国的成功。到了清末年间，乔家在全国的店铺已达二百多家，流动资金超过七百万两白银，土地房产等资产达到上千万两白银。

一座城镇的兴起，见证的是一个家族的崛起。个人奋斗能够和区域经济关联起来，这足以证明乔家在当时的社会影响力，而这仅仅是乔家百年大业的一个组成部分而已，更精彩的还在后面。

辛亥革命之后，许多山西票号因为战争倒闭、歇业，此时的乔家票号也只有大德通和大德恒两家还在经营。因为战乱，许多放出去的贷款收不回来，来取钱的人却络绎不绝，乔家票号的资金链即将崩溃。重视信誉的乔家没有因为资金问题限制银两的兑换，反而从银库中取出大批银两让客户兑换，而坏账、烂账亏损的银两则由自己承担，让战乱中的百姓有银两傍身。

战乱持续了几年，更多的票号关了门。虽然乔家的生意也不好做，但是依靠声誉乔家票号仍然可以勉强维持下去。军阀混战时期，各方势力为了保证军需大量筹集银两，发行了大量晋钞，时间一长导致晋钞大幅度贬值，更多的票号面临倒闭，其中就包括乔家的票号。这场军阀混战搞垮了国内的经济和票号生意，包头的经济也受到群雄割据的震荡，至此乔家票号开始没落，连带着包头的生意也遭受重创，仅够维持生计。

虽然包头的经济形势开始走下坡路，但它毕竟远离战乱区域，与其他地区相比还算过得去。乔家在这里的铺子成为乔家最后的“火种”，在战争年代得以保存，在经济复苏之后，成为乔家的立命之本。它虽然不复往日的风采，但是让乔家子孙有了立业之本。总的来说，包头对于乔家起到了至关重要的作用，乔家在这里兴盛，在这里没落，也在这里再次起航。没有包头便没有乔家的百年辉煌，没有乔家也不会有风光一时的包头城。

第四章

乔氏的决胜时刻

◆ 决不能毁了信誉

包头虽然是经济港口型城镇，但主要的经济来源还是基础生活方面。柴米油盐是百姓生活的必需品，于是乔家就开设了一个大杂货铺——通和店。这家铺子不仅卖些生活用品，还做些“买树梢”和“闹粮盘”的生意，这些后来发展成为包头的龙头业务。

常言道，“树大招风”。由于乔家的买卖越做越大，所以免不了要与同行明争暗斗，况且无论是“买树梢”还是“闹粮盘”，本身就充满了斗智斗勇和尔虞我诈，只不过乔家从来不怯于和同行斗法。

和同行斗法是市场竞争无法避免的事情，不过乔家从来不会把这种斗争经验用在顾客身上，所以通和店卖的东西都是货真价实的，深受当地群众欢迎。不过通和店每年都会弄一次“假”。

原来，粮油店卖的面粉分为头等白面、普通白面和黑白面，价格上相差很大。为了照顾百姓，让穷苦人也吃上好一点的白面，每年年底，通和店都会把头等白面掺在普通白面和黑白面里出售，价格保持不变，但是顾客对此并不知情。有一年，有位奶奶攒了好久的钱，想过年的时候花高价买头等白面。伙计看奶奶不容易，千方百计暗示奶奶买黑白面，结果闹出了笑话。奶奶以为伙计看不起她，最后伙计只能告诉奶奶真相，奶奶这才明白掌柜的良苦用心，于是连连道谢。

不仅通和店会“掺假”，乔家的另一个铺子——复盛西面铺也会“掺假”，这里的米面粮油不仅质量高，而且分量比任何店铺出售的都要足。这是因为他们把店里的秤改了，给的分量会比市面上多一些，这和市面上缺斤短两的店铺形成鲜明对比，顾客更愿意来了。许多店铺的掌柜嘲笑复盛西做生意“笨”。实际上这种投入和付出不但不会损失复盛西面铺的利润，反而会帮他们吸引更多的顾客，而对于这类薄利多销类型的店铺来说，客源才是占领市场和获取利润的关键。通过这样的方式，乔家的铺子在包头不仅形成了连锁经营，而且形成了较好的口碑，为乔家在全国的生意扩张打下了坚实的商业基础。

打下商业基础是其一，在包头一带收获广大百姓的认可才更为重要。起初，大家并不知道乔家人耍的这些“小心思”，但是时间长了，再傻的人也能看得出来，所以老百姓都对乔家明里做生意、暗中周济穷人的做法十分感动，乔家的社会声誉与日俱增。

除了通和店与复盛西面铺，乔家还有一个复盛油坊在包头也颇为有名。这家店在复盛公后面的巷子里，第一次来的人很难找到，不过这并不影响它的生意，因为乔家店铺的信誉在当地有口皆碑。然而，就是这家备受好评的店铺，遭遇了一次严重的信用危机。

这一年，复盛油坊榨了一批胡麻油，销售地是山西。本来是一个顺手的买卖，没想到负责销售环节的伙计突然动了歪心思：山西离着包头很远，那么当地的顾客对胡麻油肯定不了解，加上双方不是密切合作的关系，就算出现质量问题消息也传不到包头。在被利益蒙蔽了双眼之后，伙计竟然在胡麻油中掺了假，但价格是按照牌子货的标准，结果这件事被掌柜发现了。掌柜痛骂伙计："你想把复盛油坊的招牌砸了？财路断了？你想把伙计们的饭碗砸了不成？！"

经过掌柜的一番教训，那个犯错的伙计如梦初醒，愧疚万分，急忙和大家一起把掺假的胡麻油撤掉，换上了上档次的胡麻油运往山西。那些掺假的胡麻油也是按照对等的折扣价卖给了一些穷苦的老顾客。

这样一番折腾，复盛油坊自然是赔了钱，却保住了信誉。虽然这件事后来也被传了出去，但是大家不仅没有对乔家的买卖有负面看法，反而更加确信乔家是讲信誉、靠得住的良心商家。

在清代的十大商帮中，晋商之所以能够和徽商平分秋色，甚至在某个阶段力压对方一头，一个很重要的原因是晋商对信誉的看重。这集中体现在他们当中流传的一句话："以义制利。"这种把诚信放在第一位、把赚钱放在第二位的商业原则，让晋商行得更正，走得更远。

在晋商中举足轻重的乔家，更是把"以义制利"的准则发挥到了极致，甚至让人不敢相信这是商人能做出来的事，其中最典型的就是乔家的大德通票号。

当历史的车轮进入晚清时期以后，社会开始动荡不安，这对于经商者而言利弊各半：利是有机会"发国难财"，弊是所有投资和经营行为都存在风险。在辛亥革命爆发以后，乔家的大德通和大德恒两大票号就遭遇了严重的危机。当时，人们看到清王朝摇摇欲坠，革命党和袁世凯反复博弈，加上各路军阀趁乱起势，于是都争先恐后地把钱从票号、钱庄里拿出来，自然就引发了全国性的挤兑风潮，直接导致了山西各大票号歇业。

客观地讲，储户的行为没什么不妥，毕竟钱放在自己身边才是最安全的，而票号随时都可能因为各种变故倒闭。但是对票号来说，钱是要放出去生钱的，如果大家同时过来取钱，怎么可能一下子还清？所以有些票号关门也是无奈之举。不过，乔家却没这么做。

在全民取款的动荡金融环境下，乔家仍然把信誉放在第一位。他们从银库中起出大批的银子注入票号，所有的存款都分文不差地兑付出去，没有让储户蒙受半点损失。但是乔家放出去的款却来不及收回来，这个巨大的损失只能由他们自己承担。

从辛亥革命开始，中国社会进入动荡与分裂中。到了1930年，山西的大部分票号都关门歇业了，与之对比鲜明的是乔家的大德通、大德恒和三晋源这三个票号，它们成为当时支离破碎的金融市场中独特的风景线。

随着袁世凯百日皇帝梦的终结，盘踞在中国各地的军阀开始了连年的混战，民不聊生，百业凋零，然而乔家人却一直坚持在这种险恶的商业环境中，依靠着多年来积累的信誉和雄厚的家底，给处于迷茫和混乱中的民众送去一丝曙光。

1930年，以蒋介石、冯玉祥和阎锡山为主角的中原大战爆发，场面十分激烈。阎锡山在快要招架不住的时候，通过大量发行晋钞来聚敛民财，导致晋钞快速贬值，短短几年的工夫就贬值到了之前的二十五分之一。糟糕的是，当时的大德通有不少晋钞的存放款业务，那些精明的掌柜还未来得及做出反应，库里的晋钞价值就已经大大缩水了。

正如前面所说，在战乱年代，商家既承担高风险，也可能获得高收益。以晋钞贬值这件事为例，大德通虽然没有从中赚到什么钱，但是因为晋钞暴跌，他们完全可以用暴跌后的数目来返还当初存入的数目，等于用不值钱的钱去换当年值钱的钱，变相发一笔财。然而，乔家没有这么做，大德通再次上演了一出金融市场的“逆行”壮举。

面对晋钞的储户，大德通返还给他们的不是不值钱的晋钞，而是刚流通不久的新币，这样储户的存款保值了，赔钱的就变成了大德通，因为他们保管的晋钞价值只相当于过去的二十五分之一。可想而知，这次的损失多么巨大。不夸张地讲，乔家把一个票号经营到这种程度，已经不能用“业界良心”来形容了，它完全是在不求回报地做慈善事业，而这种深受儒家思想熏陶的商业精神，使乔家成了同行敬仰、后人膜拜的典范。

当然，慈善终究是一门“赔本”的买卖。大德通以牺牲自我为代价，保住了乔家的信誉，却保不住乔家的银子，终于在1949年关门，中国金融界的这个传奇成为历史。当然，在那个年代消亡的人和事实在太多，绝大多数隐没在了历史的尘埃中，但是“大德通票号”这个让人肃然起敬的名字，却一直唱响至今。这足以证明，“以义制利”的商业精神是符合人类普世价值观的。而晋商传承的这个经营信条，也在启示着当今的生意人：你的财富可能会流失，也可能会缩水，但是你的商业信誉会在你的诚信经营下增值，永不消散。

◆ 蓬勃发展的店铺经济

从小生意人变成大商户，既需要依靠个人的综合能力，如眼界、胆略、人脉、财力等，也需要时代的助推。但凡能把事业从小摊子做成大买卖的，基本上都是顺势而为打开了新局面。乔家也是如此，他们依靠时代的推波助澜，成长为晋商中的实力股。

清朝虽然对商业采取了抑制策略，不像北宋时期那样有着繁荣的商业经济，但是在近代世界大环境的影响下也爆发了三次经济浪潮：康熙时期的汉蒙综合贸易浪潮、雍正至道光时期的中俄恰克图通商外贸浪潮、道光以后的票号金融浪潮。回顾历史的发展，从商者只要抓住这三次浪潮中的一次，就有机会一步登天。不过谁也没有想到，乔家人三次经济浪潮都把握住了。

康熙帝平定准噶尔叛乱以后，不仅肃清了政治和军事上的隐患，而且通过这一连串的战斗，了解了蒙古草原的大体状况。特别是那些跟随清军将领的山西货郎，他们在刀光剑影中存活了下来，也把自己变成了蒙古草原的“活地图”。这里不得不提一下大盛魁。

大盛魁是清朝北方边境最大的边贸商行，创始人是三个贫苦农民——

张杰、史大学和王相卿。1696年，张杰等人跟随康熙帝征剿噶尔丹的部队，来到了蒙古的乌里雅苏台和科布多。虽然他们身份低微，只是负责供应军需品的肩挑小贩，但是这段经历给他们带来的无形财富是难以估量的。在行军中，张杰等人发现蒙古族和汉族之间的商品存在着巨大的差价，而在叛乱平定以后，经济互通是历史的必然，这就为日后的商业循环奠定了基础。张杰等人不仅在山西的杀虎口开设商号，专门负责供应军需和对俄的贸易，也开始琢磨在汉蒙之间打开一个新的商业市场。

康熙帝的高瞻远瞩，让他毫不犹豫地解除了汉蒙贸易的禁令，不仅对汉蒙关系的缓和与修好起到了润滑作用，也间接促进了两地的经济和文化交往。禁令解除的消息一传出，对山西的生意人来说简直是天降福音，他们成了涌入蒙古草原的第一批商人。

那么，汉蒙之间的商品差价究竟有多大呢？以归化城为例，如果你在这里花一两银子买了汉人的商品，拿到蒙古草原上就能换回三四两银子。而且这一趟绝不会白跑，因为蒙古草原上一两银子的商品也能在归化城换回三四两银子，一来一回就能赚个盆满钵满。这丰厚的利润促使大批的旅蒙商队诞生，他们能带多少货物去蒙古就带多少，同样返回时也是尽可能多买货，这样一个来回下来，旅蒙商队赚取的毛利润率为600%~800%，即使去掉中间的运输成本和销售成本，纯利润率也有300%~400%，这在当时的其他行业中简直不可想象。而旅蒙商队一年能走两个来回，一年获得的纯利润就可想而知了。

巨额的利润势必吸引更多的参与者。据统计，在19世纪60年代，活跃在漠北一带的旅蒙商人达到了20多万，他们带着内地生产的粮食、烟茶、布匹、器皿以及一些生产工具，前去蒙古草原换取牲畜、皮毛等畜产品，以及更加珍贵的野兽裘皮、金砂、玉石、鹿茸和麝香等，再将这些货物输入内地出售。

时间一长，很多旅蒙商队就改变了生意模式，从行商变成了坐商。这是因为他们的销售网点不断扩大，为了巩固这些网点，他们就在部分地区建立永久性的店铺。据粗略统计，当时有500多家大小商号。随着这一波商号的大规模创建和迁徙，蒙古草原上的库伦、恰克图、乌里雅苏台以及科布多等地建起很多宽敞明亮的店铺，依托这些店铺，又诞生了货栈、客栈以及民宅。于是，在边地贸易区域就形成了一座又一座的“买卖城”。

“买卖城”的诞生，实际上是店铺经济高度繁荣的结果。这个繁荣的过程既有起始点，也有高潮，而大盛魁这样的商号就赶上了潮头浪尖，所以他们发迹的速度最快，占据的地盘最大，根基也最稳固。再过二三十年，后来者想要赶上这波店铺经济的红利就难上加难了。但是，乔贵发却搭上了最后一班车。虽然当时的库伦、乌里雅苏台等地已有大批晋商入驻，但仍有像包头这样的空白地域，而这儿就成了乔家崛起的“龙兴之地”。

这种依托历史发展的经济繁荣，都是围绕着汉蒙贸易和旅蒙商队这一根核心轴线建立的。如果不能充分融入进去，就吃不到多少红利，甚至可能赔本。所以乔贵发就将开设店铺的重点瞄向了旅蒙商队——他每天都在研究这样的队伍需要什么以及这些新开辟的“买卖城”缺少什么，然后得出结论，敲定创业方向。这样分析得出来的店铺类型与当时的社会环境高度匹配，自然就能谋取到丰厚的回报。

身为晋商一员，既有幸运之处又有不幸之处。幸运的是可以学习效仿很多成功的前辈，可复制性较强，也存在着地缘优势和人脉优势；不幸的是这些晋商数量庞大（比如在清代后期的库伦一带，晋商的总人数就多达1634人），而且这些人从事的都是大宗的批发生意，实力雄厚，一般的小商号、小生意人是无法和他们竞争的。即便如此，乔贵发还是牢牢抓住了店铺经济的红利。他不直接和旅蒙商人“抢饭吃”，而是给他们“送饭吃”，为商队提供饮食住宿和其他各种服务，以此进行资本的早期积累。当乔家的店铺经济粗具规模以后，再用赚到的钱去从事其他回报率更高的商业，比如票号、风险投资等。

原本和清朝第一次经济浪潮无关的乔贵发，凭借着敏锐的眼光、缜密的分析和大胆的布局，成功抓住了经济浪潮的尾巴并发现了包头这块风水宝地，开拓了乔氏商业帝国的根基。乔家后来的兴旺发达，也和这一波浪潮的追赶和借势有着密切的关系。

◆ 喝茶能解决大事

中国是茶叶大国，不仅不少国人喜欢喝茶，而且衍生出了一整套的茶道流程，形成了中国的茶文化。1753年，瑞典科学家林奈在撰写的《植物种志》中，把茶的学名定为Camellia Sinensis，Sinensis是拉丁文，意思就是“中国”。可见在世界范围内，人们把茶当成了中国的对外象征和符号。1840年，英国发动鸦片战争，其中一个原因就是中国对英国的贸易顺差，英国自认为做的是赔本买卖，而当时为贸易顺差做贡献的就是茶叶。

英国人为什么喜欢喝茶？这是因为英国人的饮食以酸性为主，比如奶酪、面包等，而茶叶多为碱性，可以中和英国人体内多余的酸性，所以茶在英国才成为热销品。

由此可见，茶叶是中国对外贸易的利器。中国的茶叶不仅对英国有吸引力，对俄国同样如此。1728年，中俄签订了《中俄恰克图条约》之后，中俄之间的茶叶贸易走上了正轨。简单回溯一下历史：在雍正时期，中俄茶叶贸易额在几万卢布上下，相当于几万两白银；到了乾隆时期，中俄茶叶贸易额达到了几百万卢布；嘉庆十五年（1810），中俄恰克图贸易额已经达到了一千三百万卢布，相当于九百多万两白银，其中的大头就是茶叶；道光年间，中俄茶叶贸易额为一千万卢布；咸丰帝在位时期，茶叶贸易额增加到了一千五百万美元。由此可见，在中俄贸易中，茶叶的贸易规模越来越大，这也成了清朝的第二次经济浪潮。

单看贸易额，还不足以窥见茶叶的高额利润。以嘉庆年间的数字为例，茶叶在中俄贸易额中占据五百万两白银以上，如果去掉中俄茶叶贸易的巨额差价，茶叶边贸的利润在三百万两白银左右。显而易见，这是一块非常大的蛋糕。到了咸丰年间，中俄茶叶贸易中，茶叶所占的利润达到了五百万两白银。

一方面是茶叶贸易额的增加，另一方面是晋商的跟进。此时的晋商早就垄断了蒙古地区的商路。这并不是一种霸占，而是其他商人不敢介入，因为从归化城到恰克图一共有一千五百多公里的戈壁滩和草原丘陵，一般人根本不敢踏上这条险途。

面对茶叶交易的诱人回报，具有敏锐嗅觉的乔家马上投身到中俄茶叶贸易的巨大经济浪潮中。在嘉庆后期，乔家一方面在包头站稳脚跟并持续扩大影响力；另一方面拿出三万多两白银建设大德诚茶庄，又投入六万两白银建立了大德兴茶庄，不遗余力地加入中俄的茶叶贸易中。为了攫取利润，乔家人拿出了晋商固有的吃苦耐劳的精神，经过长途跋涉，从福建武夷山购买茶叶，然后历经长途贩运到中俄边境的恰克图。

乔家人所走的这条路，就是中国历史上著名的“万里茶路”，全长五千一百五十公里。后来随着茶叶贸易逐渐向境外扩张，“万里茶路”也继续延长，而在这条路上行走的，恰恰是来自非产茶区域的晋商。

“万里茶路”是山西人常家开拓的，开拓之后所带来的滚滚财富，也让常家成为当时晋商中最显赫的门庭，而乔家则是顺势而为，借助这条黄金贸易通道让乔家的商业帝国上升到了更高的层次。根据粗略统计，乔家全字辈兄弟当家期间，为家族积累了共百万两白银的财富。

晋商依赖“万里茶路”主要有三个原因：第一，这是中俄贸易的主要通路；第二，中俄之间互不抽税，等于商人在做免税生意；第三，交易双方直接见面，不用中介和翻译，少了中间商赚差价。

“万里茶路”带来的一个最大的难题就是茶叶的运输和保存，所以当时乔家商队贩卖的茶叶都是制成一斤一两的茶砖，这样既有利于运输，也能保持茶叶的品质。

除了解决茶叶的运输和保存问题，晋商还要解决欠款问题。最开始是押运银锭，后来发现这样做既不安全又笨重，所以就改成了银票，而银票的大量使用也间接刺激了票号的兴起和发展，对乔家的商业投资起到了指引作用。后来的大德恒和大德通两大票号就是由茶叶贸易刺激诞生的，最后形成了一张遍布全国的金融网络，这都要归功于“万里茶路”。

跨越“万里茶路”乔家去武夷山和谁做生意呢？正是“万里茶路”的开拓者——山西榆次区车辋村的常氏。别看常氏远离闽北，他的商业嗅觉可非一般人能比。他在了解了中俄茶叶贸易之后，第一时间掌握了闽北武夷山岩茶产地的交易信息，把投资武夷茶当成生意重点，还把经商触角延伸到了武夷山下梅的茶坊街市。

当时的下梅不容小觑，贸易最繁荣的时候，这里每天来往的船只就有三百艘。特别是在雍正年间，下梅的茶商迅速崛起。常氏家族在下梅茶市采购茶叶，也给下梅的茶叶经营带来了新的商机和前沿的贸易信息。后来下梅村被评为“中国历史文化名村”，当中也有晋商的一份功劳。

不过，茶叶生意并不是一帆风顺的。1851年太平天国运动兴起以后，中国江南一带都被太平军占领，他们截断了通往武夷山的茶叶买卖之路。眼看着大好的商机要被破坏，乔家人审时度势，自己投资，在湖南聂家市（现聂市镇）和湖北蒲圻县（现赤壁市）开办茶山，种植茶叶，从根本上解决了茶源的问题，然后带上自家种的茶叶前往恰克图与俄罗斯人做生意。

乔家的两大茶庄成为晋商经营时间最早、规模最大的产业，而祁县在这方面走在了前列，不仅诞生了大德诚和大德兴这样的茶庄，还涌现出长裕川、永聚祥、三玉川、巨盛川等二十多家茶庄，足见当时规模之大。

“万里茶路”造福了晋商，而晋商也为此付出了巨大代价，其中之一就是牺牲了家庭生活。因为常年奔走在这条商路上，晋商一出门就是三年，然后回家居住半年再走，这就造成了晋商独特的“四多”现象：无子断后的多，抱养孩子的多，节妇寡妇多，老婆“红杏出墙”的多。正是这个让人尴尬的“四多”，让乔家后人最后放弃了经商，因为这个代价实在太大。

太平天国运动还没有结束，“万里茶路”又遭到了新的打击。1860年，第二次鸦片战争结束，俄国人趁火打劫，逼着清政府签订了《中俄北京条约》。但俄国人并没有就此满足，在1862年又胁迫清政府签订了《中俄陆路通商章程》，规定俄国商人可以从其他口岸通商，还允许俄国商人进入中国内地进行贸易。这就直接导致了恰克图不再是唯一的中俄贸易通道，俄国商人也渐渐抛弃了山西的茶商，而是直接去茶叶产地进行贸易，还顺带剥夺了山西茶商的对外贸易权利。这样一来，由茶叶掀起的第二波经济浪潮慢慢趋于平静，乔家也面临着新的抉择。

不管怎样，“万里茶路”的昔日辉煌是无可否认的，它能够和

“丝绸之路”并称为“中国历史最负盛名的国际贸易黄金通道”，足见它对世界文明的影响范围有多大。时至今日，世界各国对茶的称呼，基本上都是来自汉语“茶”的发音，比如英文的tea其实是源于福建厦门话中茶的发音“te”。当然，茶叶对乔家商业帝国的影响也甚为深远，它开拓的不只是一条由南向北的商业通道，更是一条拓宽乔家人商业视野的心路之旅。

◆ 鼎盛一时的老票号

经营者在谋求发展的时候，做好“内修”是第一步，因为“内修”决定了你的眼界、格局和未来。如果内力不足，即使遇到贵人也只能与其擦肩而过。在完成“内修”之后，需要的就是适合发展的良好环境和时代机遇。

回顾乔贵发的发家史不难发现，乔贵发在早年拉骆驼的时候，走南闯北增长了见识，开阔了眼界；与晋商同乡交流沟通，学习了生意经，培养了大格局；先后选择了萨拉齐和包头作为创业的主战场，找到了适合生长的环境，最后不失时机地抓住时代赐予的每一次商机，一鼓作气跻身大体量商户行列。

成功赶上前两次经济浪潮的乔家，在清朝最后一次经济浪潮翻涌时，再度抓住了机会。

道光年间，山西的平遥人第一个办起了票号，名为日升昌，拉开了票号繁荣发展的序幕。精明的祁县人不甘落后，于1837年建立了以“合盛元”为代表、专营汇兑业务的票号。晋商纷纷跟投，越来越多的人看到了票号的发展前景，于是先后跑步进场，一时间，票号成为商业投资最热门的领域。

乔家虽然不是祁县第一个建立票号的商家，但是乔家对金融市场的关注由来已久，只不过当初成立的是封建色彩比较浓重的钱庄，在经营模式和性质上有所不同。不过，同为金融领域，多年的深耕还是为乔家积累了丰富的经验和人脉。

咸丰元年（1851），乔家开办的大德兴茶庄就兼具了汇兑业务。到了同治元年（1862），大德兴茶庄成功转型为大德兴票号。要知道，这次的大尺度跨界是冒着风险的，毕竟在当时茶叶贸易还是有利可图的，如果转型不成功很可能会葬送更多的商机。但是乔家已经认准了票号买卖，不惜重金投入。1879年，乔家投资六万两白银开设了大德恒票号。1884年，大德兴正式更名为“大德通票号”，彻底摆脱了之前做茶叶生意的影子，可见乔家人下定了决心要在金融市场杀出一片天地。

有决心就有行动，用“烧钱”来形容此时的乔家并不为过。乔家给两大票号各自追加了二十多万两白银作为运营资本，还敲定了它们的业务范围：主营汇兑、存款、发行票据以及代办捐款等。然而这仅仅是个开始，随后乔家又把视线放到了全国，把分号开到了西安、南京、兰州、上海以及杭州等二十多个城镇，纵向上实现了北到恰克图、南抵广州的超长路线。历经二十多年的发展，两大票号在乔家雄厚资本的支持上，一步步成长为“金融怪兽”。

就在乔家创办票号并日益壮大的同时，原来繁荣的茶叶贸易随着第二次鸦片战争之后出现的新局面走向了萧条。从这一步就能看出乔家的布局深远：趁着茶叶生意还有利可图之际，对票号业务进行试探性经营，既有茶庄收入兜底，又能快速积累经验、培养人才；当茶叶生意遭受重创时就进行快速的战略转移，打了一场“无缝对接”的企业转型之战。

票号生意为乔家积累了大量的财富，它之所以回报巨大，主要得益于两大块收入的叠加。

第一，存贷差价收入。

当时各大票号的存款年利率在2%~3%浮动，而放款的年利率在5%~6%浮动，差价在2%~3%这个区间，而架本（资本金＋储蓄存款的总规模）通常在几十万两到上百万两白银。这样算来，就算是一个分号，每年的存贷差价收益也能超过一万两白银，而乔家在全国拥有二十多家这样的分号，总收入自然十分惊人。

第二，汇费收入。

汇费通常根据汇款距离的远近、时间的长短以及具体的兑付规定来决定，所以很难统一标准，不过可以根据普遍情况估算出4%这个收益比例。当然，在票号创办的初期和一些特殊的时间节点，汇费比例会有所增加，最高能达到8%左右。综合来看，汇兑业务的收益也十分可观。更重要的是，票号抢走了镖局的蛋糕。过去押送银两需要雇用镖局专门进行保护，运输时间长，押运成本高，而镖局的抽成占比高达10%左右。这样一比较，很多主顾都愿意选择时间短、安全系数高的汇款，所以票号抢占的市场是相当大的，可以说在某种程度上终结了镖局的业务。据统计，每一个分号每年经手的汇兑业务都在几十万两白银，即使按照最低的4%的收益比例，也能赚到一万两白银。

汇兑业务还有一个好处是成本较低。人力成本方面，一个分号最少五个伙计就能应付，最多也不过二十人。运营成本方面，汇兑占用的本金不过几万两白银，而发出一封信的成本也不过几钱银子。相比之下，传统的镖局运银，动辄派出几十人保驾护航，吃穿住行都要花钱，无论是人力成本还是运营成本都相对高昂。

晋商创造了票号的繁荣，也垄断了票号这个行业，所以他们赚取的利润是相当丰厚的。自然，乔家也借助这第三波经济浪潮，凭借两大票号的迅猛发力，依托遍布全国的金融网络，后来居上，赶超了不少先于其发展的票号。而且，乔家的大手笔投入也为他们换来了高额的回报。两大票号的平均账期分红，每股达到了一万两白银。1908年，乔家拥有二十个财股，每股分红达到了一万七千两白银，而乔家在这个账期的分红是三十四万两白银。

从经济学的角度分析，一个人或者一个企业想要致富，必须把握住眼前的机会，甚至主动创造机遇。而且仅有一次机遇是不够的，因为机遇虽然会把你从平庸推向一个最高点，但机遇过后，你可能会像退潮后滞留在沙滩上的海星，陷入危机中。所以，最有眼光的做法是不断抓住每一次机遇。时代在变革，机遇会频繁诞生，有的人能够紧跟经济浪潮奔涌向前，有的人则被突如其来的浪潮打翻到一边。抓住机遇的人可以先下手为强，从而有机会成为某个行业甚至整个社会的领跑者。

三次经济浪潮，对于乔家来说就是三次鲤鱼跳龙门的机会，让他们从穷变富，从富变豪，从豪变贵，让乔家的商业帝国阶段性、阶梯式地发展起来，变得更为稳固和庞大。到了光绪年间，乔家进入极盛时期，不仅在山西是头号巨商，在全国也是屈指可数的富豪。当然，最值得关注的不是乔家的财富，而是他们创造财富的手段和经验，这些都为后来人提供了经典的学习样板，因此乔家的创业史配得上“商业传奇”的称号。

第五章

危机即将到来

◆ 胡麻油战争

有经营就有竞争。普通的商业竞争对老百姓而言司空见惯甚至喜闻乐见，因为商家之间的竞争通常是以打价格战为主，消费者能够从中受益。不过，如果是一方通过霸盘的方式击败了另一方的恶性商业竞争，那么消费者就会成为最终的买单人，而这种级别的商业战争也会给市场、社会甚至国家带来不稳定的因素。

晚清时期有一场恶性商业竞争，不仅损害了老百姓和竞争对手的利益，甚至反噬了赢家，这就是由乔家主导的胡麻油战争。

胡麻油战争是乔家第四代继承人乔景仪一手策划的，他是第三代继承者乔致庸的儿子，在乔致庸的六个儿子中最有能力，不仅继承了父亲的聪明才智，而且有敢打敢拼的斗志。然而就是这场胡麻油战争，终结了他原本可以大展宏图的人生，也削弱了乔家的经济实力，更在一定程度上断送了乔家的未来。

光绪年间，乔景仪来到包头考察市场。他在无意中打听到，包头一带胡麻大丰收，所以胡麻油价格非常便宜，要是转手肯定能卖个好价钱。脑子里充满生意经的乔景仪准备抓住这次机会大赚一笔。

正所谓英雄所见略同，当时乔家通和店的赵掌柜也看中了胡麻油生意，于是就和乔景仪商量了一下，决定将包头一带的胡麻油全部买断，以此垄断物价，牟取暴利。当然，买断胡麻油需要一大笔钱，而当时的大德通票号正好在包头设立了分庄，于是乔景仪特地跟大德通打了招呼，让他们全力支持赵掌柜操盘买进胡麻油。

在赵掌柜的一手策划下，伙计们纷纷出动，到处购买胡麻油，只要看到粮油店就进去说："你家有多少胡麻油，我通和店全买了，银子去大德通支取。可说好了，不能再卖给别人！"由于乔家已经在包头打出了名号，复盛公、复盛全和复盛西三大字号遍布整条街道，粮油店也不敢不卖，就直接将刚榨好的胡麻油送到通和店，然后去大德通领银子，再去买进胡麻接着榨油……它们简直成了"乔氏榨油厂"。

在如此大规模的采购和生产下，包头一带的胡麻油真的被乔家买断了，通和店里只要能装液体的容器全都灌得满满当当的。眼看着乔景仪的算盘就要打响了，没承想半路杀出一个"程咬金"。

这个"程咬金"不是别人，正是归化城的一家大商号。原来，这家商号资助的一家粮油店得知了乔家买断胡麻油的事，猜出了他们要做什么，不过没有正面和乔家对着干，而是玩起了将计就计的把戏，从别的地方购买了胡麻油运到包头，出售给已经饱和的通和店。很快，这个操作被乔景仪和赵掌柜看穿了，他们分析：以乔家的实力就算买断全国的胡麻油也没有问题，但没有地方盛装。思前想后，他们决定用羊皮缝制成囊来装油，因为蒙古地区羊很多，羊皮囊要多少有多少。除此之外，乔景仪和赵掌柜也盘算好了如何销售胡麻油：通过黄河水路运到山西，再转道河南等地出售。

接下来，乔家就开始了表演：他们在黄河边开设了空场专门收购胡麻油，每装满一个囊就放在停泊在黄河上的木筏子上。一个木筏子上下捆绑着原木，中间能夹住几十个羊皮囊，运输起来十分方便。乔家人认为，这次通和店肯定能做一笔大生意，因为大德通的银子多到花不完，蒙古的羊皮多到用不完，黄河的水多到流不尽……多少胡麻油都能装！

乔家的这一系列操作，把不知情的人看愣了，最后就谣传为乔家把收购的胡麻油倒进了黄河里。结果大家跑过去一看，发现真是这么回事。

原来，羊皮囊毕竟不是专门用来装油的，密封性达不到百分之百，加上木筏子在河面上会颠簸前行，羊皮囊之间发生碰撞，所以总会有油从羊皮囊里面渗出来，以致在包头到山西的七百里黄河水面上，慢慢出现了一条闪着光芒的油痕。不知情的人还真以为乔家把胡麻油倒入黄河了。不仅在黄河上，在通和店附近的大街上也有渗漏出的胡麻油，所以那年包头人流传着一句话："十月的油，满街流。"

经过这一番大手笔的操作，乔家真的把包头一带的胡麻油买空了，导致所有的粮油店都关门大吉，最严重的时候老百姓连点灯的油都买不到。这样一来，和乔家较劲的那家商号也撑不下去了，毕竟他们没有乔家的财力雄厚。

乔家最后真的垄断了胡麻油，而老百姓为此损失了利益。哄抬物价是奸商所为，与晋商倡导的诚信经营背道而驰。包头的百姓因为这件事怨声载道，而那家商号也趁此机会资助包头的乡绅和百姓，向萨拉齐厅状告了乔家垄断经营的行为。

乔景仪和赵掌柜被萨拉齐厅传唤过去。乔景仪盛气凌人，见到地方官竟然连个善意的微笑和招呼都没有，因为此时的他已经捐了二品的官衔，论地位可比一个小小的衙门高多了。最重要的是，当时清朝并没有在经商方面明文规定不得垄断市场，谁又能制裁他们乔家呢？

乔景仪的傲慢态度惹怒了萨拉齐厅的官员，他们把民间的谣言作为控告乔家的证据——乔家把胡麻油倒进黄河。乔景仪据理力争，声称大清的法律并没有规定商人不能贩运胡麻油。这样一来，乔景仪就和地方官在公堂上发生了正面冲突，气得地方官甚至想硬治乔景仪一个罪名。然而乔景仪也不是吃素的，他全然不把衙门放在眼里，表示要到山西巡抚那里说理去。

乔景仪溜出了萨拉齐厅，这时他的情绪平复了下来。经过深思熟虑后他认为，自己已经得罪了地方官，更惹怒了包头的百姓和乡绅，留下来迟早要被报复，于是骑上一匹快马奔向了祁县。一路上，乔景仪都十分小心。为了防止地方官派人对他围追堵截，他南渡黄河进入鄂尔多斯地区，然后东渡黄河进入山西，足足绕了一大圈。

由于走得匆忙，乔景仪身边只带了一个姓王的老头当跟班，一路上两个人吃了不少苦，最后总算是安全回到了祁县。

乔景仪之所以提到山西巡抚，是因为萨拉齐厅是其下辖部门，如果把官司转移到这里，凭借乔家在山西的影响力，乔景仪自然能无罪脱身。但是萨拉齐厅这次也发了狠，直接上京城告状，称乔家人贿赂了山西巡抚。然而，乔家在京城也有人脉。当时的京师九门提督马玉昆是乔景仪的结拜兄弟，乔景仪直接找到马玉昆帮自己说情。随后，马玉昆就带着乔景仪进了皇宫。因为需要安顿事务，马玉昆就让乔景仪在一间临时休息的房间里待着，并特地叮嘱乔景仪不要随意走动。

马玉昆上朝以后，乔景仪等得实在无聊，就走出了房间来到院子里，结果没走几步人头就落了地。原来，皇宫里的守备向来森严，不仅有明面上的官兵，还有暗哨，他们看到乔景仪没有穿朝服，也不认识他，就把他当成刺客杀掉了。

马玉昆得知此事，后悔也来不及了，只能请奏，向皇帝解释了缘由。皇帝念乔景仪死得冤屈，就特地准许用三十二抬的龙杠棺罩把乔景仪送回到祁县安葬。因为乔景仪的意外身亡，胡麻油的官司也就不了了之了。

为了这场著名的胡麻油之战，乔家先后动用了几十万两白银，最后通和店自己也赔了三万两白银。后来为了帮乔景仪打官司四处疏通，乔家又花了不知道多少白银。当然这对乔家来说还不足以伤元气，关键是乔景仪的死让他们无法接受。

如果乔景仪的性格中多一点忠厚和稳重，估计就不会掀起这场胡麻油战争，因为一来赚的钱不干净，二来得罪的又是老百姓。但是年轻气盛的乔景仪迫切想要搞出点“大动静”来，这或许和父亲乔致庸的前辈压力有关，或许是性格和宿命使然。不管怎样，乔家陨落了一位有商业头脑的少东家。不过，归根结底，乔景仪的胡麻油生意还是丢失了经商的底线，注定会给他和乔家带来严重的负面影响，而他则付出了生命的代价，这恐怕是胡麻油战争最值得人深思的地方。

◆ 风云变幻战事多

经济的发展，需要稳定的社会环境。虽然动荡的时局偶尔也会给商人提供特殊的契机，但从长远来看不利于商业的发展，因为人们的消费需求和消费热情更依赖于安定和谐的生活。

自1840年鸦片战争开始，清朝闭关锁国的政策被打破，清王朝开始一步步迈向没落和消亡。到了19世纪末20世纪初，内忧外患越发严重，社会的各个阶层都处于惶恐之中，不知道国家和民族的出路在哪里。

对于乔家这样布局全国的商业巨头来说，他们更担心社会的动乱会冲击自己的商业体系。他们需要做出正确的决策，否则乔家的百年基业很可能毁于一旦。在时代转折的重要关头，乔家人表现出了非同寻常的智慧，而乔家各大商号中的掌柜也表现出了过人的才干。他们沉着、冷静地应对各种变故，把大难化成小灾，把小灾化成小事，甚至能够逢凶化吉，上演了一幕幕精彩的商业自救之戏。

大德通票号的大掌柜高钰就是在乱世中稳坐中军的代表。

高钰是祁县子洪镇人，从小苦读圣贤书，聪颖好学，论知识和头脑都称得上是天之骄子。凡是教过他的先生都认为他将来必成大器，只可惜后来家道中落，高钰失去了伏案做学问的机会，也没办法走科举之路进入仕途，只得放弃儒家的清高姿态，转而进入乔家的大德兴茶庄，当了一个小学徒。

虽然当时高钰年纪不大，但他饱读诗书再加上天资聪慧，是一个有文化、懂礼貌的人，而且情商很高，在待人接物方面能让所有人都满意，因此很受掌柜的赏识。后来，大德兴茶庄转型为大德通票号，掌柜有意给高钰更好的机会以发挥其才干，于是把他派到了北京的分号。在北京期间，高钰给乔家拓展了不少业务，业绩非常突出。

从秀才转型为商贾，高钰成长为一个既有才学眼界又有经营谋略的儒商，而且随着年龄的增长逐渐表现出强大的发展潜力。在三十五岁的时候，高钰成了大德通票号拥有三厘身股的股东；四十岁的时候，成了大德通票号的掌柜，有了更广阔的舞台来发挥才能。

19世纪下半叶欧洲列强对中国进行了瓜分，随后日本也开始觊觎中国的领土。在明治维新以后，日本举全国之力发展工业，扩军备战，最后挑起了中日甲午战争。黄海一战，曾经被誉为“亚洲第一舰队”的北洋水师全军覆没。中国战败后，日本强占了山东半岛和辽东半岛，直接威胁到了京畿地区的安全。

政局的动荡波及了商人和普通民众，他们惊恐地认为日本人很可能会像英法联军那样攻入北京。于是不少票号迅速收缩业务，生怕在乱世中走错一步棋导致全盘皆输。然而，乔家的大德通却反其道行之，不仅不收缩，反而扩大了业务，而做出这个决策的正是高钰。

身为一个熟读典籍又关心时局的儒商，高钰在众人皆醉的时候保持了独醒。他认为，日本虽然强悍无礼，但是和欧洲列强相比，只是一个“后进生”，而且工业基础薄弱，土地面积狭小，想要大规模地占领中国是不可能的，所以不必惊慌。

果然不出高钰所料，日本人在签订了《马关条约》以后，捞到了大量的好处，暂时收了手，人们之前认为的日本进攻北京的事情并没有发生。然而经过这一番折腾，那些收缩业务的票号失去了大量的业务，大德通却趁机赚了一波。

从高钰的决策不难看出，他并非一个只懂生意经的传统商人。他了解世界，懂得用缜密的逻辑思维去分析那些看似无法预知的东西。也就是说，他跳出了单纯的商业思维，而是用“全球思维”和“历史思维”去分析问题，所以得出的结论更加符合客观事实，让大德通不仅没有因为战乱而蒙受损失，反而获得了意外的成功。

晚清的动荡时局，并不是一场甲午战争就能了结的，接下来发生的灾难更为严重。

1899年，华北地区大旱，粮食纷纷歉收。人们本以为这场灾祸能很快过去，却不想它一直延续到了第二年。目睹此情景，高钰顿时警觉起来。他认为这次灾情非比寻常，已经制造了大量灾民，由此将引发一连串的变故。有了这个分析，高钰积极做好了准备。就在这时，义和团运动爆发了，从山东发展到河北，后来又进入天津和北京。

实际上，中国历史上的农民运动数不胜数，仅在清朝就有白莲教起义和太平天国起义这些规模比较大的农民战争。但是义和团和以往的农民运动不同，它指向的是侵略中国的列强，而它所带来的后果也是最严重的。高钰在分析了这一系列情况后，马上收缩了济南和天津等地的业务，最后还让当地分号的人员都撤回来，暂时住在北京，所有的现银一律运回祁县。

与甲午战争相反，很多票号看到的只是一群愚昧的“刀枪不入”的农民，并不是英法美俄日这样的帝国主义势力，所以没有惊慌，而是继续经营业务。然而没过多久，义和团开始攻打教堂、杀洋人，八国联军借此入侵中国。但是各商号想起了之前的甲午战争，认为八国联军不会真的进攻北京，所以没做任何准备。

局势的严重被高钰看在眼里，他下令大德通的北京分庄收缩业务，积极收回贷款，只要有现银就运回山西。这一波操作刚刚结束，八国联军就攻进了北京城，开始了惨无人道的烧杀抢掠。受伤害的不仅是老百姓，各大票号也遭遇了灭顶之灾，只有大德通票号因为高钰的预判和果断决策安然无恙。更让很多同行想不到的是，当局势稳定下来以后，大德通竟然马上恢复了业务，而其他尚在喘息的票号毫无竞争力。

身为大德通的掌柜，既能对行业形势了如指掌，又能对国际局势洞若观火，拥有这样眼界和气魄的高钰实属商业奇才。当然，这也和乔家的识人、用人密不可分。乔家给予了像高钰这样杰出的人才锻炼机会，高钰则让乔家的基业在惊涛骇浪中稳如磐石，延续了乔家的商业传奇。

◆ 革命浪潮中的坚守

对商人来说，信誉到底值不值钱，是一个值得思考的问题。有的人认为生存是第一位的，买卖如果干不下去了，要信誉还有什么意义呢？也有的人认为，信誉是商家应该坚守的底线，或许它对商家来说不值钱，但是对于消费者乃至整个社会具有特殊意义——它代表着一种精神，是社会经济的道德符号。坚守信誉，就是在坚守社会经济活动的原则。

八国联军侵华战争结束后，清政府被迫签订了《辛丑条约》，至此，中国半殖民地半封建社会的形态完全形成，清王朝的统治也变得摇摇欲坠。与此同时，大德通票号却因为提前谋划而躲过一劫并保存了实力。在慈禧太后从西安返回北京以后，大德通继续营业。这次的逆境存活让它的知名度越来越高，不少人慕名而来，架本最高达到了八百万两白银。对于乔家而言这是一次奇迹般的战略大进攻。

不过，晚清局势风云变幻，高钰并没有因为这几次的正确决策而沾沾自喜。相反，他一直忧心忡忡，因为他意识到中国的环境已经恶化到了极点，人民群众迟早要起来反抗清政府。1908年，慈禧太后和光绪帝先后去世，三岁的溥仪继承皇位当上了皇帝。高钰听到这些消息后，立即觉得自己之前的判断要应验了，于是开始了保守经营，不再扩大业务。

事情正如高钰所料。新兴的革命党人开始在南方进行革命活动，然而清政府却委派了一批无能的官员前去治理。高钰认为，这并非清廷对革命党人的活动不够重视，而是真的无人可用了——清王朝的气数已尽。

改朝换代，这对社会经济而言是最大的危机，因为它颠覆的不是中国的某个地区或者某个城市，而是遍布全国并且深入内里，势必对社会经济产生重大影响。于是高钰马上要求大德通的分号收缩业务，把之前放出去的贷款尽量收回来，减少架本的投入。

高钰的业务收缩策略，在当时被人看成是一种过度的小心谨慎，有人甚至认为乔家是急着赚钱，舍不得放贷投资，所以就有票号执行了与大德通截然相反的商业决策。比如，当时的隆盛局被票号界誉为“烈火烹油”，向来敢于大胆经营，而它在辛亥革命前夕也不例外，继续扩大业务，却不知自己已经悄然掉进了历史变革的旋涡中。

1911年，辛亥革命爆发，浪潮很快席卷了全国。因为革命发展速度过于迅猛，很多票号毫无准备，更没有时间做出响应，结果就爆发了一轮挤兑风波，一个个票号倒账关门。著名的平遥日升昌票号因为在挤兑风潮中拿不出现银，不少大储户上门讨债，场面一度混乱，逼得末代掌门人李五峰东躲西藏，最后家宅被平遥官府查封，所有东西都被人卷走了。当然，李五峰并不是最惨的。最惨的票号，掌柜因承受不了压力含恨自杀。还有很多掌柜逃亡到外地，从此杳无音信。

就在大多数同行承受着灭顶之灾的时候，大德通票号却因为之前的保守策略安然渡过了危机，凭借着针对意外风险构筑起来的坚固防线岿然不动。事实上，从1893年开始，山西四十三家票号中就陆续有十八家关门歇业。辛亥革命爆发后，之前剩下的山西票号也几乎倒闭殆尽。能够和大德通一争高下的大票号所剩无几，只有祁县的三晋源三个票号还在运营。乔家在山西金融界乃至中国金融界的地位越发地稳固和突出。

为了抵御风险，当时的大德通票号建立了严格规范的组织架构：总号设有总经理和协理，下设“坐柜”一人，会计、文牍以及外勤各三四人，此外还招收了二三十名学徒。从业务范围来看，大德通开通了存款、放款、汇兑三项业务，其中存款业务又分为往来存款和定期存款两种。往来存款是商家浮存，也就是会随着市场行情的变化而变化，自然利率比较少。定期存款的期限通常分为一年或者几个月，不会随着市场行情发生变化，对储户而言比较有保障。不过大多数人最多也是存款几个月，很少有存一年的。除此之外，大德通的汇兑业务做得也不错，主要分为迟票、兑条、信汇、电汇等业务内容。

无论是在人员构成上还是业务架构上，大德通都符合当时社会的主流需求，所以即使身处动荡的社会环境也依然能够吸引一大批客户。除此之外，高钰也懂得为自己寻找保护伞。当时，高钰和户部尚书赵尔巽交往甚密，大德通以雄厚的财力支持赵尔巽，而赵尔巽也在政策上扶持大德通，这在无形中又提高了大德通的抗风险能力。大德通最有面子的一件事，是陕西巡抚端方曾经派兵一路护送它的镖车。除了结交赵尔巽之外，高钰和雁平道恩大人、朔州知事徐葆生等当朝官员也都称兄道弟。庚子事变后，慈禧太后逃往西安，经过祁县时，行宫就设在大德通票号。

高钰主持大德通票号的工作长达二十五年，因为他经营有方，精心筹划，大德通成为中国票号界经营状况最好的票号之一，也是市场生命力最为顽强的票号之一。从某个角度来看，大德通票号很像中国的民族资本主义，在封建主义和帝国主义的夹缝中艰难地生存、成长。不管社会的动荡程度有多么严重，大德通始终和它的兄弟号“大德恒”并肩而立，成为山西票号最后的坚守者。

高钰的苦心经营和拓展人脉，帮助大德通在动乱的时局中逢凶化吉，但是因为他的保护人都是清廷的贵族或官员，所以在辛亥革命推翻了清王朝的统治后，其保护伞纷纷倒下。大德通票号无法适应形势的变化，导致业务每况愈下，生存艰难。后来的民国政府横征暴敛，多次冻结白银，加上实行币制改革，原本属于各大票号的汇兑业务被官办银行抢走，商办票号再也无法吸收大量的存款。

1937年七七事变以后，大德通票号的总号迁往北京。这段时期，大德通内部进行了改组，各分号的工作人员从原来的六七人增加到了二三十人，以努力适应市场的新需求。然而，逝去的时代一去不复返，历史的洪流是任何人都无法抵挡的。

1940年，大德通和大德恒双双改组为银号，一直惨淡经营到1949年，随后退出了历史舞台。有人认为，这代表着大德通和大德恒的彻底消亡；也有人认为，乔家票号的血脉和基因仍然存在，只是随着时代的发展变更了形式而已。其实，不必纠结于大德通和大德恒是否“活着”，因为它们的商业策略和商业精神，早就融入晋商的光辉历史中，成为无数经营者日后学习的样板，从这一点看，它们已经实现了“永生”。

◆ 承担责任的高风险

中国传统的商业制度，其实更偏向于消费者，而在一定程度上忽视商家的权益。为什么这么说呢？因为大部分封建王朝都采取了重农抑商的策略，所以在客观上就对经营者提出了更高的要求，于是就有了商业的无限责任制度。所谓无限责任制度，是指无论发生何种变故，如果客户的权益受到了损失，买单的就必须是商家，哪怕是遇到人力不可抗拒的天灾、战争等。

相比于传统商业制度，现代企业奉行的是有限责任制度。也就是说，企业以投入的全部资本负责偿还债务。如果全部资本消耗殆尽，资不抵债，那么企业的责任也就尽到了，企业不用继续偿还。

以乔家经营的商号为例。如果因为意外严重亏损了，不管投入多少资本，财东都必须拿出全部资产来偿还债务，除非财东一分钱都不剩。因此，在封建时代，一个商号如果发生倒账，那就意味着这个商号要关门，掌柜和财东也要承受灭顶之灾。所以在那个时代，因为商号倒闭而倾家荡产的财东并不少见。

清朝著名的“红顶商人”胡雪岩开设的阜康票号，曾经在金融界赫赫有名，让胡雪岩成为富甲一方的巨贾，无论是在商场还是在官场都混得风生水起。然而，在1884年和洋人竞争失利之后，胡雪岩手中的票号接连垮台，一夜之间他就变成了穷光蛋，并背负了一千二百多万两白银的债务。由于阜康商号影响力太大，它的倒闭又引起了全国金融行业的震动，最后共有六十八家商号倒闭。胡雪岩因此被朝廷治罪，不久便抑郁而终。

胡雪岩的悲剧收场并不是个案，在祁县就发生过类似的事情。当时祁县有一个孙家开的元丰玖票号，也是远近闻名的大票号，后来因湖南大茶行倒闭，其设立在汉口的票号出现了坏账，致使兑现出了问题，最后不得不关门大吉。而它引发的多米诺骨牌效应，更是让孙家旗下的其他票号遭受了灭顶之灾，从此一蹶不振。

这些鲜活的事例证明，开票号的确是一桩能赚钱的买卖，如果经营得当加上财运亨通，想要富可敌国并不是做梦，但如果遭遇意外，垮台也是在弹指一挥间。

乔家在做票号生意以后，最关注的就是行业面临的高风险问题，这也让乔家上到财东下到掌柜都树立起了很强的风险防范意识，同时在各种防御手段上也做好了准备。那么，乔家的票号具体采取了哪些措施呢？

在日常经营环节中，乔家人十分看重现金储备，因为经营不可能是理想化的，总会出现各种问题，这就可能导致临时需要大量的现金而柜上没有钱的事情发生。为了避免这种风险出现，乔家的票号从来都是备足了现金，所以从不会出现“柜空”的尴尬局面。以复盛公的当铺为例，即便是平常时节它也会在柜上储存三万两到五万两的现银，这样一旦遇到大储户过来提款或者典当贵重物品就能直接将钱支付给对方。这也是复盛公能够一直稳如泰山地纵横金融界的原因之一。

因为重视现金储备，全盛时期的复盛公甚至还接待过地方政府这样的大客户。比如，包头的政府曾经因为临时需要用款找到了复盛公，复盛公二话不说就为其垫付现金，这就直接提高了复盛公在行业里的信誉度和知名度：连政府都成了复盛公的客户，还有谁会拒绝和这样的票号做生意呢?

除了日常经营环节，乔家还针对有可能发生的各种意外做了预案，主要包括四个措施。

第一，遇到账期结算时，乔家会有意加大应收账款、库存商品和其他财产的折扣，让账面资产价值低于实际价值。这样做的目的在于，让账款、商品和其他财产暂时不计入盈利范围，自然也就不会成为亏损的原因。如果遭遇了金融震荡，这些资金等于天然跳脱在震荡范围外，也就不会对商号的账面产生巨大的冲击。

第二，乔家的各大商号在分红时从来不会把利润全部分掉，而是会在分红前主动留出一部分利润作为风险基金，预防市场风险和信用危机，确保商号能从容地应对风险。当然，为了确保这笔风险基金不被挪用，复盛公、复盛全和复盛西这三个大号都把风险基金存在了德裕永的堂名下，任何一个东家或者掌柜都无权动用，只有在特殊时期才能使用。

第三，乔家票号在账期分红的时候，为了扩大经营规模，习惯把东家的一部分红利直接变为资本。当然，资本股数维持不变，只是让每股的资本额度增加，这样就能够持续注入新的资本，更好地做买卖，同时也加强了抵抗风险的能力。

第四，乔家的商号十分重视“护本”。“护本”是晋商熟知的一种操作，指的是在开钱庄票号的时候，东家除了给掌柜一份本钱外，还要再给一份护本，起到辅助经营的作用，但是这笔钱不算正式投入，不参与分红。当票号出现资本亏损的时候，护本就能够及时跟进，帮助掌柜维持经营秩序。通常来说，护本的金额肯定要少于正本，但是乔家给出的比例却很高，护本几乎和正本相当甚至更多。比如乔家的广顺恒票号，正本是三十五万两白银，而护本竟然高达一百万两白银。这意味着什么呢？如果广顺恒票号亏了两次本钱，那么它仍然可以照常营业，因为有巨额的护本兜底。而乔家的各大票号正是有了这样的底气才敢于在各种商业竞争中突进破局。

任何事物的发展，总是伴随着危机和挑战。对经商者而言，求快很重要，但更重要的是求稳。快而不稳，虽然成长速度很快，但是很容易在遭遇意外后瞬间崩塌，而一旦栽了跟头，就退回到了原点。相反，如果稳而不快，虽然发展速度会相对慢一些，但是不会轻易犯错误，能够始终保持之前的发展成果，碰上合适的机遇就有突然壮大的可能。

乔家正是在保证了“稳”的前提下去发展“快”，所以能在强有力的防御机制的保护下做到有备无患，笑到了最后。这并不能归结为乔家的财运，而应归功于其高瞻远瞩的商业视角和胸怀，它时刻在提醒着人们：不要只顾及眼前的商机，还要多考虑商场之外的世界，因为那里决定着眼前的商机是否能长久。

第六章

乔家的继承者们

◆ "亮财主"诞生

乔家的商业帝国发展到第三代人的时候，进入鼎盛时期，当之无愧地成为清朝凤毛麟角的商业大族，而完成这个上升过程的人，就是乔家第三代中最著名的"亮财主"乔致庸。

乔致庸是乔全美的儿子，出生于1818年。正如很多传奇人物的不凡降生一样，乔致庸来到这个世界之前也有着神奇的征兆。有一天，乔全美在睡梦中看到一个火球从天而降，红光闪烁，最后落在了自家的院子里，瞬间火光腾起，让整个院子红彤彤一片，红光闪得人眼睛睁不开。此时的乔全美分不清这是梦境还是现实，忙不迭地喊着"着火了"，结果惊出了一身冷汗同时苏醒了过来，几天之后乔致庸就出生了。

乔全美对这个梦记忆犹新，对这个刚降生的儿子也寄予了厚望，于是乔致庸就有了"亮儿"这个乳名。名字虽然简单，却寓意深刻，因为"亮"代表着"光大门庭"的意思。紧接着，乔全美用"庸"字给儿子命名，贴合了儒家的中庸之道，加上第三代人的"致"字，就有了"得儒家中庸之道以立身持家"的完整意思。

乔家的第三代人一共有五位，分别是乔致祥、乔致中、乔致远、乔致广、乔致庸。这五个人中，乔致庸年纪最小，和哥哥乔致广相差二十多岁。

由于乔全美一生体弱多病，无法主持乔家大事，所以两个哥哥分担了家里的大小事情，还给乔全美找了一个贤惠勤劳的普通人家女子为妻，一来能更好地照顾乔全美，二来看中了这个女子强健的体魄。结果正如大家所愿，乔致庸随了母亲的健壮体质，又继承了父亲的聪明头脑，从小就表现出过人的天资，而且机敏好学，十分讨人喜欢。

不过，乔全美起初并没有让乔致庸从商的打算，他早就为两个儿子做好了规划：乔致广经商理财，负责家里的大小事务；乔致庸读书走仕途，将来给祖宗光耀门楣。乔致庸对这个安排也很满意，所以一心一意地苦读圣贤书，年纪不大就考中了秀才，接下来就准备安心地考举人和进士。

但是天有不测风云，在乔致庸七八岁的时候，父母相继去世。多亏了两位伯伯和兄嫂的照顾，他才能继续念书，和小五六岁的堂侄乔超五（乔致远之子）一起读书上学。后来意外再度降临。咸丰年间，乔致广中年而亡，乔致庸成了家中唯一的儿子。他不可能不管偌大的家业，只好弃儒从商，与继续专心念书的乔超五分道扬镳，挑起了打理在中堂的重担。

虽然进入生意圈子，但乔致庸心中还是保留着浓厚的儒家思想。他一生奉行圣贤之教，尊崇孔孟之道，在家尊重各位伯伯兄长，对外以仁厚的宅心对待街坊四邻。不管生意多忙，他的案头上都摆放着《史记》《大学》《论语》《中庸》这些经典著作，时刻用先圣先贤的思想来滋养自己。

有人或许会认为，儒学与经商无关。实际上，两者有莫大的关系。因为儒家研究的是如何修身为人以及如何治国为君的学问，可以理解为在探讨帝王之道，因此从中吸取精髓之后，完全可以将其应用到经商当中，甚至可以说是大材小用。

乔致庸当家之初，他所负责的在中堂和其他两个堂相比，势力最弱。不过，他凭借着天资和修养后来居上，很快成为当时乔家三堂中重要的决策者。乔致庸之所以能够成功，是因为他能够准确对国家形势进行分析，也能很好地揣摩人们的心理需求并为此做了几件大事，将乔家的基业推向了新的高度。

乔致庸做的第一件大事发生在太平天国运动爆发以后，当时“万里茶路”受到了阻隔，山西的茶商失去了货源，而拥有两个大茶庄的乔家也损失惨重。乔致庸与大德诚和大德兴的两位掌柜商议对策，决定和祁县著名的长裕川茶庄一起，在湖南和湖北的交界处斥巨资购买茶山，雇用当地农民种植茶叶。此举不仅帮助乔家摆脱了货源被断的困境，还缩短了运输距离，带来了更丰厚的利润回报，使中俄茶叶贸易起死回生。

乔致庸做的第二件大事，是根据包头当时的发展形势继续投资开设新的字号：1864年，创立复盛西字号，经营钱铺、当铺以及皮革、粮油米面等业务；1875年，创立通和店，主营粮油米面业务；1877年，创立广顺恒钱庄；1887年，创立法中庸钱庄……除了这些当时名号较响的字号外，乔致庸还在包头成立了复盛西店、复盛西面铺、复盛锦钱铺、复盛协钱铺、复盛兴粮店等字号。

乔致庸做的第三件大事，是接连开设了几个票号：1881年，在祁县创立大德恒票号；1884年，将大德兴茶庄改组为大德通票号。此外，还在归化和太原等地成立了通顺南店、晋泉涌钱铺等字号，建立了一个架构完整的金融体系。

在乔致庸的主持下，乔家的买卖字号不断繁衍壮大，财源滚滚。极盛时期，乔致庸手中的字号多达几十个，遍布全国，拥有的资产高达几千万两白银，经营范围上至蒙俄贸易下至柴米油盐。至此，乔家在商业上实现了对包头市场的绝对垄断，也完成了飞跃进入金融界的历史使命，开始从山西迈向全国，成为中国商界和金融界的绝对头牌。

乔致庸不仅对乔家的商业发展起到了关键的推动作用，也在个人声望上达到了其他人难以企及的高度：他捐了二品资政大夫、赏戴花翎、分省补用道、附贡生官衔。乔致庸的夫人们也都享受到了至高的荣誉，原配及续弦的几位妻子都被封为二品夫人。

乔致庸晚年时，有十个孙子和十个孙女，还有两个曾孙子和四个曾孙女，四世同堂。他本人在八十九岁高龄寿终正寝。

乔致庸能够成为乔家继乔贵发之后第二个声名显赫的主事人，和上天的眷顾密不可分。首先，乔致庸在致字辈中年纪最小，亲哥哥和三个堂兄弟都先他而去，他成为乔家辈分最大的人，所以常年处于领导地位。其次，亲哥哥早亡且无子，乔致庸得以动用在中堂的全部财力做事。如果平分财产，估计很难干出一番大事业。

如果乔致庸没有走经商之路，相信他也会在仕途上一帆风顺，求得功名。不过，正是人生的变故给乔致庸带来了命运的转折，让中国的商界多了一位不世的商业奇才，也让乔家的商业帝国走向新一轮的辉煌。

◆ 衰落的大门和二门

在乔致庸撑起乔家基业的同时，乔家的其他两门——德兴堂和宁守堂的商业发展却不尽如人意。它们虽然与同行相比尚可，但是和在中堂相比，财势弱了不少。

大门“德兴堂”财势渐衰主要有两个原因：一个是人丁不旺，另一个是平庸之辈太多。

乔致祥是乔全德的独子，也是同辈中的老大。他不像父亲那样一生碌碌无为，而是和两个叔叔乔全义和乔全美一起做了不少大事。乔致祥的儿孙辈中出过举人，生意经营得也非常不错。但是自此以后再也没有值得大书特书的人物出现，况且独木难支，没有合适的接班人。为什么会出现后继无人的情况呢？因为自乔致祥之后很多都是过继或者从别人家买来的儿子，一个个娇生惯养，根本成不了气候，所以德兴堂就逐渐衰落了。

二门“宁守堂”衰败的原因也有两个。

第一，子嗣过多。这一点和德兴堂恰好相反。对于普通家庭来说，人多力量大，可以转化为生产力。但是对于富裕家庭而言，人多带来的最大问题是分散财力。财富无法集中，即便遇到大的投资机会也只能以微弱的资金去博弈，难以在资本市场占据有利的地位。乔全义的长子乔致中在同辈中排行老二，他的儿孙辈中没有出过有名气的人，事迹很平庸，只知道他的后人有“三友堂”的堂名，村子北面修了一个“三友堂坟地”。乔致远是乔全义的次子，在同辈中排行老三，后人中有几个出类拔萃的成功人士，但是也都无法和乔致庸相比。

由于乔致中和乔致远把财产一分为二，所以就不如大门和三门独子继承那样财力雄厚。到了第四代的时候，乔致远的两个儿子乔嵘和乔超五分家，成了保和堂和保元堂；到了第五代又继续分家，成了尚志堂、立志堂、自怡堂、进善堂和进修堂等；到了清朝末年，二门“宁守堂”已经分成了十来个堂，可想而知每一堂的财力能有多大。

第二，后人崇尚仕途。宁守堂的后人中，真正对做生意感兴趣的人少之又少，多数人对求取功名非常痴迷，甚至出现了“父子同科”“甥舅同举”等佳话。从求学的角度看他们大获成功，但从经商的角度看是后继无人。1884年，乔家对大德兴进行改组，二十个财股中，大门“德兴堂”竟然没有人入股，二门也只有保和堂、保元堂各自入了一点五股，而在中堂一家就入了十二股，从资本投入上就能看出大门和二门已经无心经营乔家的基业了。

不重视商业投入，在经营策略上也表现平庸，导致大门和二门都无法对抗经济风潮和政治动荡带来的冲击，旗下经营的字号多有赔钱关门的。比如，1888年，保和堂投资十万两白银开设了大德源票号，可是还没来得及分红就在1892年悄无声息地关门歇业了；保元堂曾经在东北开设大德隆钱庄，结果到了清朝末年承受不住社会动乱，总计亏损了四十多万两白银。

由于后人中出现了很多平庸之辈，大门和二门的整体财势下滑，和乔致庸这一支的族人相比，贫富差距越来越悬殊。不过，乔致庸并没有因此瞧不起这些族人，反而一直在经济上对他们进行资助，尤其是在教育方面。

因为乔致庸崇尚儒家之道，所以他十分看重后人的教育。他专门拨了一笔款项给乔氏族人的子弟上学用，也会帮助他们进入社会深造。比如，乔氏的子孙如果要去天津、上海等地念书，乔致庸就会动用这笔钱去资助他们。为了便于管理，乔致庸还设立了一个名为“既翁堂”的字号。“既翁”二字值得玩味，有人推测这是以乔秦两家的祖上威名设立的家族式公益性字号，“既”代表过去，“翁”代表老者。由于两位老人都已经故去，所以可以理解为分红给他们的后人，也就是家族中比较弱势的群体。不过，由于时局的变化，1925年，“既翁堂”这个字号彻底消失了。

和大门、二门相比，三门的在中堂在乔致庸的经营下一路顺风顺水，不仅确保了财富的集中，还能够在第五代多子多嗣的前提下一统江山，没有让财富分散，并一直维持到1930年。而且，乔致庸的教育理念让后世子孙都热心于经商，很少有人痴迷于仕途，这样全部财力和人力集中在了一起，加上乔致庸五十多年的执掌定夺，最终在中堂成为乔家商业帝国中独占鳌头的存在。

作为乔家第三代挑大梁者，乔致庸既有接续乔贵发事业的志向和能力，也有对家族的仁义和慷慨。即使是早就不往来的秦家，也能在十七点五个实有财股中占据二点五个财股，还能享受到既翁堂中一半的分红权利。做人、做事能够达到这种境界，或许和乔致庸毕生所学的儒家之道不无联系，而这更值得后世人敬仰和效仿。

◆ 略显平庸的景字辈

乔致庸的雄才大略让乔家的商业帝国走向了巅峰。或许正是因为他个人能力突出，后人难以企及，于是在其高大的背影之下，乔家的第四代继任者就显得黯淡无光了。特别是乔致庸的儿子，几乎是在他的光环下长大的，很难被人发现亮点。

乔致庸一生育有六个儿子，相对有知名度的只有二儿子乔景仪和三儿子乔景俨，其他四个儿子作为不大。老大乔景岱没有子嗣，也没有留下任何大的事迹，生前只捐了一个正七品的文林郎，是所有兄弟中官衔最小的。据推测他的寿命也不长。老四乔景侃生有一个儿子乔映辉，也没有留下多少事迹，生前做到的最大官职是四品赏戴花翎，只活了四十岁左右。老五乔景俩生有一个儿子乔映霄，继承了他聪明好学的基因，从小记忆力超群，后来捐了一个从五品的员外郎，只可惜英年早逝，才二三十岁时就离开了人世。老六乔景僖生有一子名为乔映南，从小体弱多病，很受乔致庸宠爱，只可惜不成大器，捐了一个从五品的员外郎，也只活了二三十岁。

老二乔景仪，人称“务财主”，生有两个儿子，乔映霞和乔映璜。

乔景仪继承了父亲精明能干的优点，足智多谋，深受乔致庸器重，乔致庸一直打算把他培养成为接班人。乔景仪曾经捐了二品补用道、赏戴花翎的官衔，在官场颇有些人缘，和曾经担任太原总兵的大清名将马玉坤是结拜兄弟，各个官府衙门对他敞开大门。在志向抱负上，乔景仪并不满足于做官，而是积极在商场上打拼，并一手策划了乔家堡的“天德行”木匠铺的设立。而且乔景仪十分勤勉，全国各地的乔家事务都由他去处理，只可惜他因为胡麻油战争而丢掉了性命，断送了大好前程。

关于乔景仪还有一个有趣的传说。

乔家堡曾经有一个名叫“天德行”的木匠铺，聚集着来自祁县、平遥以及文水等地的能工巧匠，买卖兴隆，产品远销到北京。它制作的耧、扇和犁都非常精巧，家具更是考究精美，成为高端市场的紧俏货。这个木匠铺就是在中堂的人操办的，然而在中堂却没有入股，股东是德兴堂和宁守堂的后人。

原来，木匠铺是源于一个偶然的机会由乔景仪一手操办起来的。有一天，乔景仪出门时，马车的车轴坏了，乔景仪就把马车拉到乔家堡的一个瓦屋村配轴。瓦屋村有一个很厉害的木匠，名叫杨德海，手艺很好。杨德海按照乔景仪的吩咐，两天后将修好的马车送了回来，乔景仪当时很满意。第二天，乔景仪乘坐这辆马车去祁县城办事，打算试一试杨德海的手艺如何，结果马车没走多远就发出“吱吱”的声音，马拉起来十分费力。又走了一阵子，马车还是发出“吱吱”的声音，乔景仪顿时火了，让车夫赶着马车去瓦屋村质问杨德海。

杨德海一见乔景仪就知道发生了什么事，但是他仍然镇定自若。他告诉乔景仪，马车之所以发出“吱吱”的声音，是因为需要磨合，走到小贾村附近的三眼桥就不会发出这种声音了。对于这种奇谈怪论，乔景仪本来是不愿接受的，但是出于对杨德海的信任就试着让车夫赶马车去了祁县，结果走着走着又发出了“吱吱”的声音。乔景仪刚要发火，这时马车正好走上了三眼桥，“吱吱”的声音顿时消失了，车轴彻底完成了磨合，乔景仪这才意识到杨德海是能工巧匠。

乔景仪深受乔致庸的教诲，对人才向来非常爱惜，所以就找到了杨德海，要给他开一个木匠铺。杨德海自然同意，但是乔致庸却坚决不肯，因为他认为做木匠活是“掘地三尺”的买卖，要砍树、刨树根，这代表着“断子绝孙”。乔景仪不敢违拗父亲，但毕竟答应了杨德海，于是就找到了德兴堂等本家商量筹办木匠铺的事情。因为不需要投入多少钱，本家们也就同意了，这样乔景仪就在没有入股的情况下将天德行操办了起来，还没有动用在中堂一两银子。

如果说乔景仪的一生多少有些传奇故事，那么乔家其他人的生平事迹就略显平淡了。

老三乔景俨生有五个儿子：乔映元、乔映奎、乔映宸、乔映庚和乔映雯，他继承了乔致庸仁厚的一面，但是缺少智谋，和乔景仪在性格上互为补充。乔景俨一生没有在商场上有任何大的作为，不过在公益事业方面却颇有名气。他曾经捐款挖筑了乔家堡村的永和渠，解决了村里一千七百多亩地的灌溉问题。此外，他还捐款支持创办祁县中学堂，资助了祁县人孟步云创办的太原光华女子学堂。

乔景俨略通医术，所以他经常免费给人看病，还给穷人施舍药品。常言道：“舍财免灾，积善存子。”乔景俨虽然一生没有大的建树，但因为宅心仁厚，被乡里广为称颂，认识他的人没有不赞美他的，这或许也让他获得了不少福报。后来，乔景俨生育的五男二女都健康成人，达到了七子团圆的理想生育境界。总的来说，乔景俨在乔家子嗣繁衍和结好名门的人方面功劳甚大。他也是乔致庸去世时唯一幸存的子嗣，亲手料理了乔致庸风光气派的葬礼，将孝道尽到了最后。

家族企业能否后继有人，一方面取决于前辈的教育和培养，另一方面看运数。在中堂这一支和其他本家相比，已经在乔致庸的努力教化下出现了一些合格的继承者，只是乔致庸本人的光环实在太过闪耀，使他的子孙们显得有些平庸了。

◆ 开新风的映字辈

自从乔景仪去世以后，乔致庸对剩下的儿子不再抱有任何期望，所以就直接跳过这一代，从孙子辈中寻找可以挑大梁的人，最后他选中了长孙乔映霞，认为他无论是从个人能力还是志向心气上都适合做乔家事业的接班人。不过乔致庸并没有点名“传位”给乔映霞，或许是为了顾及儿子乔景俨的面子，或许是他还没有完全考虑好。因此，在乔致庸去世以后，乔家面临着一个非常尴尬的局面：乔景俨是唯一的长辈，却丝毫不懂业务，更不受乔家其他人拥戴，而乔映霞虽然能力出众且被大家认可，但毕竟是晚辈。这个局面一直持续到乔景俨去世才结束，乔映霞至此才正式接管了乔家事务。

乔映霞是乔景仪的长子，1875年生，字锦堂，乳名成义，人称“义财主”。他生有三个儿子，习惯上被认为是乔家最后一代掌门人。乔致庸去世以后，儿子辈中只剩下老三乔景俨，按理说应当由他来当家，然而乔景俨生性内向且为人忠厚，温柔有余刚气不足，很难操持乔家的商业帝国，所以乔致庸健在时就没有对乔景俨委以重任，而是将目光放在了乔映霞身上。

或许是继承了祖父身上的优点，乔映霞从小就表现出灵活的头脑和要强的个性，而且还是一个喜欢读书、勤于思考的人，于是乔致庸对他进行了重点培养：一方面让他学习各种知识，另一方面让他学习经商。最终，在乔致庸十个孙子当中，只有老大乔映霞和老十乔映南最受乔致庸器重。

乔映霞不仅饱读诗书，而且思想进步。他年轻的时候特别尊崇康有为、梁启超等维新派，然而戊戌变法的失败让他意识到腐朽的清王朝已经无药可救，于是他又赞同孙中山代表的革命党人，最后毅然在天津加入了同盟会。1911年，辛亥革命爆发，当时乔映霞已经掌管乔家一切事务，于是在他的积极响应下，乔家追随革命党做了不少事情。

辛亥革命的胜利果实虽然最终被袁世凯所窃取，但是革命带来的新思潮已经深入民心。乔映霞带头在祁县剪掉辫子，然后脱下了代表封建传统的长袍马褂，换上了符合近代思潮的西装革履，成为整个祁县的新时代代表。乔家在山西的影响力巨大，乔映霞又积极宣传孙中山的三民主义，直接促进了祁县一带国民意识的觉醒。

由于乔映霞带动了祁县的新风气，所以人们亲切地称他为“洋大少”。与此同时，乔映霞还积极带领大家破除封建陋习，拆除了不少庙宇，然后建立起了学校，甚至将乔家堡村西的大寺庙也给拆除了，还将菩萨庙里的神像统统打倒，改成了学堂和校舍，最后整个乔家堡只剩下一座关帝庙。

为什么乔映霞没有拆除关帝庙呢？这里还有一个传说。当时，乔映霞拆掉了乔家堡大多数的庙宇，又准备拆掉街上的乐台，因为乐台也代表着封建文化。乔映霞对大家说，拆掉乐台以后就去拆关帝庙。然而，当乔映霞刚刚拆掉乐台的一块大角石以后，忽然看到乐台上出现了一个红脸汉子，对着他怒目而视，气势非常人所能及。乔映霞问旁边的人有没有看到，大家都说没看见，还纷纷议论称关二爷显灵了。这样一来，乔映霞就放弃了拆乐台和关帝庙的念头，把拆下的大角石也重新安放好。

当然，显灵这种事是不存在的。乔映霞之所以没有拆关帝庙，主要还是因为关二爷是晋商崇拜的偶像。他一身的肝胆义气值得晋商尊崇和学习，与封建思想没有什么联系，所以人们就保留了关帝庙。

中国几千年的封建思想，不是几天可以破除的。乔映霞激进的行为自然引起了一些遗老遗少的不满，但是乔映霞敢于顶着压力带领大家破除迷信思想，认真学习科学知识，成为那个新旧思想交替时代的弄潮儿。

民国时期，军阀割据，导致混战不断，各地治安状况都不好，土匪、强盗、恶霸乘机作乱，危害一方。乔映霞目睹此景，认为有必要保护地方百姓的安全，于是就慷慨解囊在乔家堡成立了治安局，用来维持地方治安。为了增强武装力量，乔映霞特意从天津购买了几十支毛瑟枪，在本村雇用了六十多个人，发给他们统一的制服，只要村子里有事情发生，乔映霞就带着这支队伍浩浩荡荡地过去摆平。

乔映霞不仅组建了成年人的治安队，还在乔家堡建立了祁县第一支“童子军”。乔映霞热衷于学习西洋文化，为了从里到外学习透彻，他不惜花重金从天津购买了“童子军”军装，然后发给乔家堡学堂的学生们，此外还购买了西洋乐队的鼓号。“童子军”基本按照西洋的教育方式来训练，等到乔家堡有红白喜事的时候，“童子军”就气势非凡地来到现场，身穿洋装，吹着洋号，打着洋鼓，场面十分壮观。可以说，乔映霞让不少人见识到了新鲜事物，他用感性的认识驱散人们对旧时代的怀念，让祁县在民国初年呈现出焕然一新的精神面貌。

不过，刚者易折，乔映霞的激进还是给他的后半生惹出了很多事端。比如，他曾经因为一桩命案躲到天津，其间认识了一位名叫刘菊秀的护士。虽然两人年龄相差二十多岁，但是刘菊秀执意要嫁给乔映霞，最后二人成婚，只可惜这段婚姻只维持了五年就宣告破裂。乔映霞经受不住这一打击，竟然跳楼自尽，所幸只是摔坏了腿，后半生只能跛足而行。最后，乔映霞在1922年精神失常，从此闭门不再见人，乔家的事务就交给了乔映奎打理。

老四乔映奎，字星斋，没有子嗣，平生热心公益事业，管理着三十六个村镇的事务，为当地百姓办了不少好事，被称为祁县四大乡绅之一。当地百姓还特意送给他一块匾额表示尊敬，这块匾额一直悬挂在乔家的大门上。不过，乔映奎的这种行为也遭到乔家其他人的议论，人们觉得他是花在中堂的钱赚自己的名声，结果就造成了其他本家争相乱花钱的现象，仅用人就雇了一百五六十人，而当时在中堂的男女老少加在一起也不过四五十人，平均一个人配三个用人。乔家的奢靡之风竟因乔映奎的慈善事业而起，让人不免有些唏嘘。

除了乔映霞和乔映奎外，映字辈的其他兄弟作为不大，值得一提的只有老六乔映璜、老九乔映庚和老十乔映南。

乔映璜是乔映霞的弟弟，脑子灵活，人称“六捣鬼”。他最出名的事情就是购买了山西第一辆高级轿车，算是为在中堂出了一个大风头。1930年，在中堂已经分家，乔映璜分到了乔家六分之一的财产，他马上从天津购买了一辆黑色轿车并带回一位司机。为了显示自己尊贵的身份和上流的品位，乔映璜不管有事没事都要乘坐汽车去祁县城闲逛一圈。在当时，汽车是稀罕物件，大家都齐刷刷地看向乔映璜。然而没风光几次，汽车就陷入泥泞的土路中开不动了，结果还是一位赶牛的用牛把轿车拉了出来，从那儿以后人们似乎也就不怎么羡慕乔映璜和他的西洋玩意儿了。

乔映庚自幼尚武，从小就在院子里练习打沙袋、举石锁，曾经认真学习过形意拳，得到了名师真传，浑身上下都是硬功夫。不过他从来不在人前卖弄，更没有因此欺负过别人，因为他生性内敛，一直很低调。抗日战争时期，乔映庚为了躲避战乱到了成都，在一次观看比武打擂时暴露了自己，最后被逼上台，结果大获全胜，从此成都的年轻人都争相拜他为师，他也因此算是同辈中名气比较大的。

乔映南从小机敏过人，很受乔致庸喜爱，然而被宠溺着长大，养了一身毛病，脾气也不好。特别是在乔致庸去世后，乔映南的少爷脾气越来越大，最后竟然抽起了鸦片，将分给他的家产全部败光，最后穷困潦倒地死去。

相比之下，其余的映字辈的生平就很寻常普通了。老二乔映元因为原配妻子瘫痪不能生育，于是就娶了二房，违背了乔家不准纳妾的规矩，虽然最后生了五个孩子，但是一直被家人非议，在乔家堡也被当成话题。老三乔映霄生有两个孩子，他的妻子后来在北京被人绑架并杀害。老五乔映晖生有三男三女六个孩子，家庭和谐幸福，全家都喜欢读书，儿女都在学业上有所成就。老八乔映宸碌碌无为，没有值得评说的事情。老十一乔映雯是乔致庸最小的孙子，从小跟随母亲辗转于太原和北京等地，和老家联系不多，也没有受过专门的商业熏陶，平静度过一生。

映字辈作为乔家的第五代人，没有出过值得探讨的大人物。不过他们对山西的公益事业做出了贡献，收获了不少好评。或许这种淡然也是人生的一种选择，因为它造福的是更多的人。这就是除了“赚钱”之外，乔家的一股新风。

◆ 在中堂分家离散

1907年，乔致庸去世。作为在中堂鼎盛局面的开创者，他深受乔家子弟的敬仰和爱戴，所以人们打算给他举办一场隆重盛大的葬礼。为此，乔家专门请来一位很有声望的阴阳先生到乔家堡采坟点穴，最后在村南边选了一块风水宝地。随后，这里就破土动工，无数能工巧匠前来给乔致庸修建阴宅。由于乔致庸已经故去了五个儿子和六个妻子，所以人们准备这次将他们正式入葬，工程十分浩大。

阴宅的修建整整持续了半年，乔致庸的遗体也用松香、麝香等名贵药物保存，还用了密不透风的棺材。终于，在当年的农历九月二十七日，乔致庸的吊唁仪式开始。由于他生前积德行善，广交人脉，所以前来吊唁的人非常多，近的有方圆几十里的县吏，远的有数千里之外的京官，还有遍布大半个中国的各大商号的掌柜，而这一场吊唁足足持续了四十八天。

到了正式下葬那天，整个乔家堡就像是集体披麻戴孝一样，满街都是祭棚，几乎所有人都穿着孝衣，场面令人震撼。起灵之后，庞大的发丧队伍绕着乔家堡的主街道走了一圈，然后走向墓地。这个队伍长到什么程度呢？先头队伍已经到达了目的地，而队尾的人竟然还站在乔家大院里一步没走。

不仅发丧仪式隆重，乔致庸的墓碑也达到了高规格：清朝皇室成员、礼部尚书溥良给墓碑篆盖，三晋大儒常赞春撰写了碑文……乔致庸的丧事排场之大、花费之多、耗时之久，在当时非常罕见。

乔致庸风风光光地离开了，这都归功于他对在中堂事业的苦心经营，在中堂也因此维系了一百多年的统一局面。不过，这种高度集中的财团体系，本身也是利弊参半。如果当家人雄才大略，就可以调集优势资源干大事；如果当家人能力不足，就会拖累整个财团走下坡路。

乔致庸去世后，接过管理权的乔映霞就面临上述问题。大家族经营的优势到他这里变成了劣势：一来能力他不及祖父乔致庸，二来他的辈分不是乔家最大的。更重要的是，大家族经营的模式已经引起族人的反对，他们不想再有某个人一手遮天，而是希望自己单干。持这种观点最强烈的就是老十乔映南。

乔映南是乔景僖的独生子，从小花钱如流水。如果乔家延续乔致庸的管理模式，他既没有可挥霍的财富，又要受到家规的束缚；如果分家，他的独子身份就能让他获得乔家六分之一的财产。因此他极力主张将在中堂拆散。

和乔映南相反，乔景俨的五个儿子都不主张分家，因为分家以后他们每个人只能获得乔家三十分之一的财产，而维持现状就是各占十分之一，和其他叔伯兄弟平等，所以他们极力反对把在中堂打散。

利益上的矛盾，导致乔家人在分家这个问题上唇枪舌剑了好多年，直到乔家的时髦阔少乔健回来后，才发生了决定性的改变。

乔健经过深思熟虑之后认为，分家是大势所趋。从家族利益方面看，乔致庸去世后，在中堂已经失去了核心凝聚力，人心涣散，大家都想着花钱玩乐，没有人愿意吃苦受累，等于吃上了高级的“大锅饭”。长此以往，乔家有多少家底都要被败光。而分家之后，各人顾各人，花的钱都是自己的，就必须想办法出去赚钱，这样反而有利于维护乔家的生意。当然，乔健也有私心，因为他在分家后能够获得乔家六分之一的财产，所以对他而言分家不是坏事。

在乔健的极力劝说下，乔映霞终于同意分家。其实，乔映霞坚持这么多年不分家，并不是出于个人利益，而是觉得自己深受祖父器重，不想在中堂在自己手里散掉，所以才迟迟不同意散伙儿。但是苦撑了这么多年实在是身心俱疲，而他也没有了当年的雄心壮志，不如分了以后享几年清净。

1930年，维持了一百多年的在中堂被正式拆分。乔映霞、乔映璜、乔映辉、乔映霄、乔映南分别获得六分之一的财产，乔景俨的五个儿子分走剩下的六分之一。当然，考虑到乔景俨一家人口众多，所以他们现在居住的房子就归他们所有，不再重新分配。

经过这次分家，在中堂在整体上已经呈现离散的趋势。在1937年七七事变发生后，乔家的人基本上都离开了乔家大院，从此再也没有重聚在一处。所以乔家商业帝国的余晖，靠的不是乔家子孙，而是当初乔致庸挑选的那些既忠心又能干的掌柜。或许，这就是乔致庸对乔家最为长远的考虑。

第七章

善财结善缘

◆ 善待“相与”的处世之道

在中国的封建时代，历代统治者大多实行“重农抑商”的政策。这是因为中国是一个农业社会，过度搞商业经济，不仅会让从事农耕的人口减少，还会造成市场和物价的不稳定。在民间，商人的口碑也一向不好，“无商不奸”成为人们的刻板印象，所以才有了士、农、工、商的排名。可见商人虽然具有一定的经济地位，但是没有相应的社会地位。

纵观中国各地的商帮，的确有唯利是图的个人和群体，但也并非人人都是见利忘义的小人，而晋商就是其中的一股清流。特别是在清代，“先义后利”已经成为晋商奉行的准则，如果有谁破坏了这个准则，就会被集体唾弃。

晋商之所以追求“先义后利”，主要有三个原因。

第一，晋商中很多人出身于儒士。他们原本想要考取功名，所以熟读圣贤之书，尊崇儒家学说，只是后来发现走仕途不容易或者对朝廷失望，才弃儒从商，但骨子里的儒士风骨却挥之不去，于是就将儒学思想融入经商理论中，在思想上占据了高地。第二，晋商普遍尊崇关羽。在全国各地的晋商会馆中，都能看到供奉的关帝像，而关羽的忠义就教化了他们，使大多数晋商有了极强的自我约束意识。第三，晋商经过千百年的发展，逐渐意识到诚信经营的重要性，他们深知唯利是图带来的只是一时的获利，丢失的是百年基业，所以从实用角度看，他们也推崇“诚”“信”“义”的经营哲学。

由于对“诚”“信”“义”的坚持贯穿整个晋商文化，所以上至东家下至伙计，每个人都能在经营活动中做到对合作伙伴和顾客坦诚相待。

作为晋商的杰出代表，乔家将“先义后利”的思想发挥到极致，而且提出了“相与”这个概念。所谓“相与”，就是“相交”的意思，可以理解为合作伙伴，也可以解释为交易对象。

乔家的“相与”有两个具体实践原则：一个是不胡乱与他人交往，恪守合理的交友与合作原则；另一个是只要共事就必须讲义气。在乔贵发与秦兄弟的合作中，两个人就是一对“相与”。乔贵发信任秦兄弟，秦兄弟也在乔贵发人生低谷时解囊相助，彼此都在极力维护双方的合作关系。自然，创始人这一代的合作精神也被乔家后人继承与发扬。他们总结出一个道理：做生意赚的主要是熟人的钱，那就必须讲诚信，要在经济上不亏待对方，在道义上支持对方。这既是合作精神又是交易的底线，只有坚持这一准则才能促进生意的完成。

乔家的“先义后利”和“相与”并不是凭空说一说，而是在努力践行。1922年的“叩头事件”就是最好的证明。

包头有一个著名的“双”字商号，是太谷旅蒙商人杨有能和两个儿子杨四店、杨老五创办的。1900年，他们一家人来到包头创业，先后开办了双盛公绒毛店、双盛茂茶庄、双盛德靴铺等店铺，字号里都带一个“双”字，经营范围和规模都很大，虽然不能和乔家的“复”字号相比，但是在包头也是响当当的老字号。因为杨家和乔家也有生意上的往来，所以他们也是一对“相与”。

由于杨家的商业版图扩充速度太快，资金跟不上，很多生意都是依靠借款来维持，结果到了民国时期，社会动荡不安，经济不稳定，杨家的买卖很多都是连年亏损，陷入负债经营的困境中，单是从乔家的复盛全钱庄就借贷了五万六千块现洋。1922年，杨家的生意终于经营不下去了，面临着资不抵债、行将破产的绝境。

因为欠着乔家大笔借款，杨老五亲自来到乔家堡向在中堂的主事人求助。当时在中堂的事务虽由乔映奎打理，但对外商务还需乔映霞主事。乔映霞听了杨老五的陈述之后，问他到底能还上多少钱。杨老五想了想表示，将“双”字号的资产折价后能够偿还一半债务。乔映霞当即表示杨家只需要偿还这一半借款就可以了。杨老五听了自然是感激万分，连连给乔映霞磕头，但乔映霞并不是唯一的当家人，还有乔映奎等其他乔氏子弟，所以杨老五给所有映字辈的人都磕了一个头。最后大家统一决定：杨家只需要偿还两万八千块现洋就能免除所有债务。

杨老五回到包头以后，整个商界都知道了乔家用磕头来免掉两万八千块现洋债务的事情，大家纷纷称赞乔家人忠厚义气。其实，类似的事以前也发生过。

咸丰年间，乔家的两个“相与”——李家和白家，欠了复盛公的银子偿还不起，乔家也没有苦苦相逼。后来这两家用地契顶账，乔家二话没说就答应了，再后来这些地就变成了复盛菜园的二百八十亩地。此外，广义恒绒毛店欠复盛西五万元钱，最后仅以几千元的房地产就抵债了；还有大顺公绒毛店欠了复盛公一千块现洋，结果用一把斧头和一个筐就还了债；甚至欠钱数千两最后一分钱都没还的也大有人在。

或许很多人觉得，乔家这种“义气”已经超出了合理的解释范围，是一种“傻气”。其实乔家并不是真的那么糊涂，这么做主要有三个原因。

第一，金融规律使然。这个时期乔家的资本雄厚，放出去的债数不胜数，而金融行业本身就有高风险和高回报的特征，不可能每一笔借款都能翻倍要回来，总有一些会变成坏账，既然涉足这个领域就要坦然地接受事实。

第二，维权成本高昂。如果乔家和这些无力偿还欠款的商号打官司，姑且不谈胜率问题，单就牵扯进去的时间成本和精力成本，也让乔家人难以承受。毕竟此时的乔家家大业大，有打官司的工夫，去投资其他行业，收效更大。

第三，用金钱换招牌。对于鼎盛时期的乔家来说，行业内的口碑是无形的财富，虽然不能直接换取真金白银，但是会让乔家拥有更多的合作伙伴。因为乔家的信义在圈子里是数一数二的，这就间接提升了乔家的市场竞争力。因此，与其向资不抵债的债务方要钱，不如留一个好名声，也维系了乔家“先义后利”的原则。

乔家不仅善待生意伙伴，对家中的用人也是用真心换真情。因为乔贵发生前一再强调要善待用人，所以乔家的后世子孙都不敢小看穷人，尤其是伺候自己的用人，所以人们都说到乔家当用人是“跌进了福圪洞”。用人看病需要钱，乔家给拿银子；用人的双亲去世买不起棺材，乔家负责办丧事；用人犯了错，乔家人从不打骂；甚至有人手脚不干净偷了东西，乔家人也认为那是穷得迫不得已才偷的，即使偷走一两件也不要紧……

乔家对用人的善待也换回了善果。有一年，一股土匪从陕西流窜到山西。他们来到乔家堡转悠了半天，认为在中堂最有钱，就琢磨着从乔家大院里拉出一个内线，里应外合大干一票。然而，土匪联络了半天，在中堂没有一个用人愿意与土匪合作，甚至整个乔家堡也找不出一个愿意出卖乔家的人，加上乔家大院威严肃穆的高墙壁垒和忠心耿耿的护院，这伙土匪终于死了心，灰溜溜地逃走了。

由于乔家经常做极具“圣母心”的善事，所以有百姓送了乔家一个绰号：“糊涂海”，意思是乔家人做善事已经到了无脑的地步。事实上，乔家的“糊涂”不是真的糊涂，可以理解为一种大智若愚。乔家看似吃了眼前亏，赚来的却是长远的利益，而且这种“智”里藏着的不是狡猾，而是对信义的坚守和对良善的追求。

◆ 怀有向善之心

“先义后利”是乔家恪守的经营之道；同样，乔家还坚守着向善之心，这无关商业道德，无关交易法则，纯粹是出于慈悲的胸怀。而这也超出了“诚”“信”“义”的范畴，变为一种正能量的普世价值典范，其中最典型的事情就是对穷苦百姓的帮扶和救助。

民国初年，俄国沙皇看到中国社会处于动荡中，就趁机煽动蒙古大活佛哲布尊丹巴呼图克图独立。当时还是中华民国临时大总统的袁世凯立即派兵镇压，然而却被外蒙古的军队击败，外蒙古把军队一直开到了距离包头几十里的昆都仑口附近。

临时政府在军事上的严重失利，带来的是社会治安的恶化，直接导致包头一带的强盗、土匪日益猖獗。他们有人有枪，政府又无法剿灭他们，于是大批的法外之徒组成了乌合之众，其中就有在包头最臭名昭著的卢占魁匪帮。他们聚集了上千人的队伍，势力强大，气焰嚣张，根本不把政府放在眼里。每次出击或者是几十人的小股部队，或者是上千人的大部队，甚至敢直接攻打包头，而当时的北洋军队根本对抗不了土匪，只能龟缩在城里消极防守。

外有沙俄和外蒙古，内有强盗和土匪，真正受苦的还是商人和老百姓。这种内外交困的局面持续了一阵子，最后阎锡山派出了以孔庚为师长的山西陆军第一师，驻扎在包头。孔庚又派赵守钰团长率领军队反击外蒙古军队，这才把他们赶回了老家。不过因为匪患尚未根除，赵守钰的部队继续镇守在包头维持治安。

赵守钰是阎锡山的把兄弟，为人耿直，勇猛善战，脾气十分火爆，进阎锡山的督军府从来不报告，直接踢门就进，警卫都不敢阻拦他。他甚至还在督军府放飞自己养的鸽子，而阎锡山知道后也就是笑笑而已。虽然赵守钰和阎锡山关系不一般，但因为没有野心，文化水平也较低，所以一直没有升职，而他除了带兵打仗也不会做别的事。

赵守钰镇守包头以后，听说这里的土匪非常猖獗，之前的政府军没有一个敢惹他们的。争强好胜的赵守钰一听就火冒三丈，他马上下令：只要抓住土匪，格杀勿论。原来，之前的人不是没抓住过土匪，而是因为害怕报复就把土匪放了，导致匪患始终清除不尽。在赵守钰下令以后，还真有不少土匪落网。对抓获的土匪，他们或是在城门口悬尸示众，或是在十字街口当街斩杀，以儆效尤。

有一次，一个名叫小虎子的土匪被逮捕了，按照规矩就是死刑。不过这个小虎子也不算十恶不赦之人，他十八九岁的年纪，和八十岁的奶奶相依为命，后来因为走错了道才跟了土匪。奶奶得知唯一的孙子性命不保，自然是心急如焚，她四处托人想要救出孙子，可寻常百姓谁有本事劝说得了赵守钰呢？最后有人给小虎子的奶奶支招儿：去找“复”字号的掌柜，说不定能有办法。

小虎子的奶奶找到了复盛西粮店的马掌柜，见面后就下跪磕头，请求马掌柜救她的孙子。马掌柜知道老人家只有这么一个亲人，如果小虎子死了她也命不久矣，于是就动了恻隐之心。不过，马掌柜也知道赵守钰的军阀作风，劝说他刀下留人很难，所以他只好赌一把。为此，马掌柜先带着老奶奶去监狱和小虎子见面，两人哭成了泪人。马掌柜还告诫小虎子：如果这次能救你出去，以后一定要遵纪守法。小虎子自然是连连答应。

随后，马掌柜面见赵守钰，替小虎子求情，赵守钰顿感左右为难：他已经放出话要格杀勿论，一旦开了先例以后就不好办了，但是乔家的“复”字号一直垫付赵守钰的军费，马掌柜和他个人关系也不错，不给面子也不好。思考了半天，赵守钰最后表示：如果小虎子放出去以后再犯，马掌柜就以同谋论罪。马掌柜毫不犹豫地答应了。赵守钰见对方以人头作保，也就释放了小虎子。

出狱后的小虎子信守承诺，没再和土匪有任何瓜葛，而土匪们对马掌柜的义举十分敬佩，从此乔家的“复”字号再没受过土匪的骚扰。

能够以性命为一个和自己无亲无故的人担保，这确实是人间大义。马掌柜能够有这样的觉悟，除了与他自身的德行修为有关外，也和乔家一以贯之救助贫弱的信条有关，特别是在乔致庸主持在中堂时期，乔家对穷人的救助从来没有停止过。

1899年，北方大旱，粮食减产一半以上，灾情一直持续到第二年的春播时节，完全断绝了百姓的活路。很多人外出乞讨，有的冻死、饿死在半路上，有的被迫卖儿卖女，十分凄惨。当时的祁县相比于其他地方要稍好一些，不过也有很多穷人家里揭不开锅了。

虽然乔致庸平时节俭，但是在帮助穷人的问题上从来都是“挥金如土”。当他目睹旱灾带来的一系列惨状后，不由得想起了祖父乔贵发说过的话：“咱乔家本是穷人，我从小因穷受人歧视。你们生在富门，身在福中，切不可富而忘本，为富不仁，歧视穷人。”于是，乔致庸决心拯救百姓于危难之际，这样既遵从了祖上的教诲，也能让乔家流芳百世。

乔致庸下决心赈灾，也有其他方面的考虑。当时乔家子弟因为常年泡在蜜罐里，只懂得享乐，不懂得节约，根本不知道时势的艰难。如果趁着赈灾的机会教育他们，就是上了一堂生动的家教课，既整肃了家风又实施了善举，可谓一举两得。另外，乔致庸从现实角度考虑，一旦灾情严重，处于饥饿中的灾民很有可能铤而走险“吃大户”，那么乔家将首当其冲，到时候损失的就不只是银子和粮食了，甚至还可能出人命。

综上考虑，赈灾是符合乔家根本利益的。然而，救助穷人并不只是捐钱捐粮这么简单，乔致庸用商人思维考虑什么样的赈灾方案合理：如今旱情严重，持续时间长，波及范围大，如果现在春播季节下不了种，那么到了秋天就会绝收，灾情会更加严重，因此赈灾不能只看眼前，还要考虑长远。

经过一番权衡，乔致庸制订了赈灾的具体计划：第一，乔家堡的人，按人头发放若干粮食；第二，在村里的大街上安放一口大锅，向外来的饥民施舍粥米；第三，在中堂上下生活从简，不准吃山珍海味，也不准添置新衣。

此时的乔致庸已经年逾八十，为了带头做好赈灾工作，他换上了一件普通的布衣，拄着拐棍去施舍粥米的地方查看情况。他特意叮嘱负责发粮食的人：斗子要装满，如果分粮食分亏了，在中堂出钱给补上；如果施舍的粮食还有剩余就要惩罚他们。乔致庸的这番话既打消了某些人趁机揩油的想法，又让百姓看到了乔家赈灾的决心，对乔致庸敬佩有加。当灾民们在大街上领取粥米的时候，乔致庸因为不放心又亲临现场，叮嘱人把粥米做得稠一点；有时候坐的时间久了，乔致庸还会和灾民们一起喝粥。很多百姓称赞他：“这样的财主真是天上少有，地上难寻！”

乔致庸的善行不仅感动了穷苦百姓，也感动了地方乡绅。有人特意给他制了一块匾额，上面刻着“为善最乐”四个篆字。这块匾额后来被挂在了乔致庸居住的老院楼上，至今仍在。虽然历经风霜雨雪，匾额上的字迹已经模糊，但凡是见过此匾的人，无不对乔致庸肃然起敬，对乔家良好的家教发出赞叹。行走于银钱之上，却能怀揣济世之心，实属难能可贵，或许正是积德行善才保佑了乔家的百年基业。

◆ 退一步的胸襟与气魄

虽然乔家是一方巨贾，在晚清时期颇有社会声望，在山西、包头一带有极大的影响力，但是乔家从未仗势欺人过，反而比寻常人更懂得忍让和宽厚，这也从侧面展现出晋商的信义精神和博大胸襟。

当乔家繁衍到第三代人时，原来的老院子已经无法容纳增加的家族成员和用人，于是乔家就开始考虑扩建住宅的问题。当时有两个方案。第一个方案，购买新地皮修建宅院，每家每户分门另过，和宁守堂一样。这个方案的缺点是会造成人员分散，极有可能步宁守堂的后尘——人心涣散，财富分化，再也干不成大事，所以乔致庸坚决否定。第二个方案，在老院子的周围购买地皮，和老院子连成一体，这样就能维系大家庭的统一局面。当然，这个方案面临的问题是从哪里购买地皮以及别人如果不卖怎么办。

当时，乔致庸看中的是老院子西边的一块地皮，这里住着一户穷人家，房子破破烂烂的。乔致庸本以为只要多给他们一点钱，他们就会搬走。谁知这家人死活不搬，哪怕乔家一再提价也不动，最后还放出话来：“乔家有钱又如何，我们就是不卖地。”乔致庸听到对方这样回复，也只好无奈地作罢。

事有凑巧，这家“钉子户”没过多久摊上了人命官司，眼看着要赔钱、赔命。这家人急了，最后只好求到在中堂，希望乔家出面帮助摆平这件事。当时的乔家已经手眼通天，很快就出面解决了问题。这家人自然感念这份人情，就把地皮卖给了乔家，这里后来建成了明楼院。

然而，这只是乔家老院扩建工程的一部分，距离真正的乔家大院建成还有很大差距，乔致庸继续寻找着可以购买的地皮。后来他们终于收购了老院子东面的一所小院子，打算建房，可这座院子的南边有一座小庙，把本来可以连成一片的院子隔断了。这座小庙是乔家堡八社之一的堡门社供奉的神庙，受到当地不少王姓人家的供奉。经过乔家的一番沟通，最后王姓家族决定让出这片地皮，乔家作为交换将给王姓家族重新盖一座庙。

本来事情已经谈妥了，但是因为拆迁工作耗费时间，乔家人也没太着急，结果旧的庙宇拆了，新的庙宇却没给人家盖起来。正在这时，王姓家族中一个叫猪六儿的人刚好从北京镖局回来。此人年轻气盛又有一身功夫，得知自家的庙被人拆了，觉得颜面大损，于是就愤怒地指责乔家仗势欺人，还扬言要一镖打死乔致庸。猪六儿还来到乔家门口，吵嚷着要给家族出头，态度十分蛮横。

乔致庸得知猪六儿的狠话后，自然十分生气，毕竟乔家一向被人尊重敬畏，哪里受过这种气。以乔家的人脉和财力，想要搞死一个猪六儿易如反掌。但是生气归生气，乔致庸毕竟是熟读儒家著作的风雅之士，不可能干这种阴损邪恶的事情。不过，猪六儿也是一个“滚刀肉”，如果真的不把他放在眼里，说不定就会发生意外。

思前想后，乔致庸决定和平解决这起争端。他找来堡门社的人和猪六儿和气地商量，告诉他们乔家会在原庙址二三十丈的位置重建一座庙宇，而这块地皮也是乔家的。为了让王姓家族放心，乔致庸承诺马上动工修庙。

如今，在乔家大院大门往北约20米的地方，可以看到一处墙缝，据说这就是当年修建新庙宇的地方，可见乔致庸是说话算话的，并没有欺骗王姓家族。

因为乔家人的这份厚道，乔家老院的扩建工程十分缓慢。遇到不想卖地的就耐心劝说，遇到想要趁机涨价的也笑脸相迎，所以乔家大院的东南院、西南院和新院的地方，都是费了几番周折才买到手的，这还不算占用的街道地皮。乔家既花费了不少银子，又搭进去不少时间和心血，整个扩建工程持续了五六十年，最后才形成了今天的乔家大院。

乔家大院的扩建历程，从表面上看是乔家走向辉煌的见证，从深层分析则是乔家能忍则忍、能让则让的处事态度的外显。如果乔家真的是一方恶霸，或许五六年的时间就能建成一所大宅院。之所以工期漫长，归根结底是因为乔家人恪守规则。这个规则有清朝的律法，有社会的公共道德，也有做人的底线。所以，乔家大院展示的并非乔家的雄厚财力，而是他们始终如一的宽厚胸怀。

◆ 积攒福报躲过一劫

乔家第五代掌门人乔映霞，是一个思想激进、敢作敢为的新派当家人，他不像老一辈人那样注重繁文缛节，也不像某些混吃等死的乔家子弟只知享乐，而是能够站在时代洪流的潮头追赶朝阳。不过，也正是他的这种大踏步地行走给乔家带来了麻烦。

民国初年，晋中一带赌博和吸毒之风泛滥成灾，有钱人赌博、抽大烟，没钱人也一样要钱吸毒。不少家庭钱财耗尽，妻离子散，社会治安也成了令人头疼之事，最终受害的是百姓。作为在一方有影响力的乔家，对这种社会现状也是深恶痛绝，尤其是立志打破旧体制的乔映霞。

乔映霞为了维护地方治安组建了荷枪实弹的治安队后，自然不能只装装样子，所以每天都带着大队人马去处理赌博和吸毒的事情。因为他敢于出手整治，加上乔家的威慑力，不少赌徒和烟鬼都有所收敛，乔家堡一带重回往日的安宁。老百姓和乡绅们都拍手称赞，这又坚定了乔映霞把反赌毒进行到底的决心。

有一天，乔映霞听说距离乔家堡十五里外的村子有一大片罂粟苗，于是马上带着治安队过去查看。如果是在乔家堡本村，乔映霞只要带队过去，就没人敢违抗命令。可这个种罂粟的村子隶属太谷县，烟贩子根本不怕乔映霞，他们纷纷拿起锄头、铁锹和手持毛瑟枪的治安队对峙，场面相当混乱。

乔映霞的禁毒决心根本不会被这些村民动摇，毕竟他做的是有利于百姓的正义之举，所以他不打算撤退，而是掏出手枪鸣枪示警，以为只要一吓唬这些烟民就会四散逃走了。谁知枪走了火，当场打死了一个烟民，乔映霞只好带着队伍回到了乔家堡。

乔家虽然是大财主，但是毕竟出了人命案，官府不能不管，而且这次案发地不是在祁县，乔家的人脉使不上力气；加上太谷县的人觉得乔映霞是故意欺负他们，从百姓到乡绅个个义愤填膺，吵嚷着要严惩凶手。祁县为了保护乔映霞，就和太谷县争夺起审理权来。

事情越闹越大，最后这个案子移交到了太原府和省府，而乔家在这个层级上也有不少熟人，便积极地找人为乔映霞开脱罪名。不过，这毕竟牵涉到一条人命，即便是省府也不敢徇私枉法。经过一番商议，他们给乔家想了个办法：找人代替乔映霞坐牢，这样既平息了人们的愤怒，也能免掉死罪。

乔家人终于松了一口气，马上开始物色“替罪羊”，却不想有人主动送上门来了。

这个毛遂自荐的人叫乔安安，乔家堡人，从小家境贫寒，整天游手好闲，喜欢吹牛说大话，却不喜欢打架斗殴，就是一个嘴勤快、身体懒的混混。在乔映霞出事以后，当乔安安得知乔家需要一个“替罪羊”时，他觉得和在中堂打交道就不会吃亏，自己帮了乔家的大忙日后肯定少不了好处。况且乔家人不会让他在牢里吃苦受罪，于是盘算一番之后就去了乔家，表示愿意替乔映霞顶罪。

看着主动送上门的乔安安，乔家人自然是欣喜万分，长辈的管他叫“安大哥”，小辈的管他叫“安大爷”，让这个平日里不被人正眼看的混混受到了空前的礼遇。乔安安胡吃海塞了一番以后，马上去了太原府进了牢房。

事情果然如乔安安所料，乔家人打点了牢头和狱卒，还特意在一家饭馆给乔安安立了大德通的折子，这折子就相当于今天的信用卡。那家饭馆得知是大名鼎鼎的大德通票号后，自然不敢怠慢，专门安排人每天给乔安安送菜、送饭。因为量大，牢头和狱卒也沾了乔安安的光，每天也是好酒、好菜吃着。乔安安十分满意自己的这个决定，他认为懒人就有懒福，现在足不出户就能吃香的、喝辣的。

过了几年，事态渐渐平息，乔安安就在乔家人的安排下提前出狱了，这次他吹牛的资本更大了，逢人就讲他在监狱里的惬意生活。当然，乔家人也没有亏待他，把乔家堡后街上的一个院子给了他，还给他盖了五间南房、三间东房、三间西房，外加一笔足够他花一辈子的银子。

禁毒引发的人命官司，让乔映霞在乔家的地位一落千丈。本来和乔致庸相比，乔映霞就是一个没什么作为的当家人，花的钱永远比赚的钱多。所以人命案一出，在中堂上下都越来越看不惯乔映霞，埋怨他让乔家白白浪费了大笔银子。乔映霞也自知理亏，失去了曾经一往无前的劲头和热血，逐渐走向了幕后，把在中堂的日常事务交给老四乔映奎打理。

乔映奎不像乔映霞那样激进，他把工作重点放在了社会公益上，给附近村庄的老百姓办了很多好事，让他们在晚清动荡的时局中过着相对安稳的生活，感受到了来自乔家的温暖，这在客观上给乔家积攒了不少社会声望。虽然做公益增加了在中堂的开销，但是从长远来看，这也是在为乔家的子孙积攒福报，属于一种功德投资。从这一点来看，乔家虽然有钱，但并非守财奴。他们知道赚钱的不易，但该花的钱从来不会省，也会信守承诺，用善财来换取良性的因果循环，这一点值得很多盲目拜金的人学习和深思。

◆ 国难当头，义字当先

鸦片战争以后，列强对山西的资源垂涎三尺。从1870年开始就不断有外国人调查山西的煤田地质情况，从德国到意大利再到英国，最后由英国的福公司攫取了开采山西煤炭的权利。眼看着列强公开掠夺中国的资源，清政府也跟着开办矿务。中国半殖民地半封建社会的属性决定了山西的采矿业要面临同时反对列强和贪官的复杂斗争。

1897年，山西盂县、平定等地的煤矿开采权被中国官僚出卖给了意大利商人罗沙第的公司，这个里通外国的交易被曝光以后，引起了山西各界的强烈反对，由此爆发了声势浩大的收回矿权运动。与此同时，山西的一些乡绅和商人准备建立自己的开采机构，在1906年成立了山西商办全省保晋矿物有限总公司（简称“保晋公司”），计划开采全省的矿产。1907年，保晋公司获得清廷农工商部批准，在太原设立总公司，在大同、石家庄、北京、天津等地设立分公司和分销处，统一经营全省的煤矿开采和运销业务。

保晋公司的创业资金，开始是由山西省从募捐款中拿出五万两白银，后来又增加了十五万两，而后续所需要的资金准备在全省范围内筹集，总数约三百万两。为了让山西民众了解保晋公司的创办初衷，保晋公司特意在公司简章的第五条中明确规定："本公司唯收华股，不收洋股。附股者如私将股票售与外人，经本公司查知，或经他人转告，立将所入之股注销不认。"这条规定表达了保晋公司反帝爱国的坚定立场。

得知保晋公司的情况后，乔映霞和大掌柜阎维藩决定加入这场反帝爱国运动，帮助保晋公司测算公司运营所需要的资金并制定筹资方案。后来，大德恒票号带头认股出资三万两白银。这件事很快传到了当时卧病在床的乔致庸那里，他不仅没有责怪乔家卷入是非，反而为乔家能够出资赎矿而精神振奋，最后痛骂列强："他们夺不走我们的山河，除非乔致庸死了！"随后他马上叮嘱乔映霞和阎维藩："乔家不该认股，而是捐资，不光是大德恒参与，大德通也要跟进。"

此时，收回矿权运动逐渐走向高潮，山西大学堂和中学堂的学生得知英国公使要求封闭中国开办的矿厂消息后，立即举行了罢课抗议，还开会发表宣言，要求山西收回全部的矿权。一时间，山西各家媒体都在报道这次运动并得到全省人民的声援。在国外，山西籍的学生得知情况后，也组织了集会进行讨论，最后一个留日的学生竟然投海自尽，以死抗议。整个运动进入了白热化阶段，当时的山西巡抚也表示支持学生的行动。

在中国民众的抗议下，英国的福公司最终在1908年和清政府签订了《赎回开矿制铁转运合同》十二条，允许山西的商民出资赎回福公司在山西的矿权。因为有了乔致庸带头捐资，山西商界一共集资一百六十二万两白银，缴纳了所谓的"赎款"，而保晋公司也在日后为山西的矿物开采做出了重要贡献。

国难来临，受损害的不仅是国家利益，还有普通百姓的利益。他们经受战火的蹂躏，吃不饱穿不暖，挣扎在死亡的边缘，而乔家作为富甲一方的商人，从来没有袖手旁观过。

1911年，辛亥革命爆发，太原也发生了起义。清政府千方百计地要控制山西的局势，派出了卢永祥带领的军队镇压人民起义运动。当时的阎锡山还不足以和清廷对抗，带着大队人马撤走，刚刚宣布独立的太原顿时又恢复了旧的统治秩序。

1912年，卢永祥率部先后拿下了太原、平阳府等地，他的军队和土匪没什么两样，所到之处必定是肆意抢掠。当卢永祥带兵经过祁县时，扬言要攻城，这可把祁县的商户和百姓都吓坏了。当时，祁县的商会会长是阎维藩，他深知卢永祥部队的恶名，不想让祁县百姓被洗劫，于是主动站出来，沉着冷静地迎接卢永祥进城做客，随后就拿出五百两银子作为“军饷”交给了卢永祥。卢永祥得到了好处，自然也不想把事情做得太过分，就带着队伍离开了祁县。

祁县的乡绅、商人和百姓都感念阎维藩的功劳和恩德，敲锣打鼓给他送去了一块匾额，从此人们见到他就改称“阎老总”，还送了他“一手遮天”的外号。

阎维藩的所作所为，也是在乔致庸多年的教导下做出的必然选择。他知道祁县是乔家的根，祁县的百姓是乔家的水，有根才能立得住，有水才能不断循环生息，所以拿出钱来保护祁县，也是在保护乔家自己。

所谓善缘，并非一张巧嘴说来的，而是要通过实打实的行为来证明。乔家一直坚守的向善原则，在平时是一种默念于心的信仰，而一旦发生变故需要践行，乔家会毫不犹豫地冲上去。这并非金钱的力量，而是善念的力量。它让乔家人在大是大非面前从不退缩，也让乔家的商业帝国永葆浩然正气。

第八章

不拘一格降人才

◆ 拦路“抢来”的总经理

乔家能够维系百年基业，核心因素还是人，这个“人”既包括了乔家各代的掌门人，也包括了乔家任用的掌柜。这些掌柜的作用有多大？即使是在乔致庸这样杰出的掌门人在位时期，乔家依然有着“甩手东家”的称号，意思是掌柜实在太强，根本不需要乔家人插手。

乔家雇用的掌柜，个顶个地有绝活。

相传在复盛公六陈行有一位掌柜道行颇深，不仅懂业务，还能夜观天象，预测收成。有一年夏天，包头的庄稼长势喜人，眼看着秋天将迎来一场丰收，所以大家都担心粮食卖不上价。结果，玩粮食盘的商人都不敢出手，导致粮食价格逐渐下滑。六陈行的掌柜也决定暂停买进的业务，然后白天闭门躲起来睡大觉，晚上却整夜不睡上屋顶去看星星，伙计们都觉得很奇怪。一连持续了四五天，掌柜终于回到店里下令：从明天开始买进粮食，有多少收多少，直到把账房的银子用光为止。伙计们都以为掌柜魔怔了，但是谁也不能违背他的命令，于是急忙挂上招牌收购粮食，最后账房的银子用光了，六陈行的院子也满了——临时充当粮仓。

掌柜的这番操作让同行笑掉了大牙：明明今年粮食丰收，还使劲收购，是什么意思！六陈行的伙计们也为掌柜捏了一把汗，要知道六陈行已经动用了全部家底，一旦出差错就要关门倒闭了！然而，就在秋收前的农历七月初，包头一带忽然遭遇了罕见的暴雨，黄河水泛滥，大片的田地被水淹没，导致附近的秋粮几乎全部绝收，最后粮价飞涨，六陈行赚了一大笔银子。伙计们询问掌柜是如何料事如神的，他解释说自己看星星其实就是夜观天象，判断出今年将有水灾发生，所以才让伙计们大量买进粮食。

由于六陈行的掌柜名声大噪，就有一个老相与想试探他的本事——从屋顶的瓦楞上拿下几棵谷穗，送到六陈行当样品，询问掌柜是否收购。掌柜看了以后就问有多少这样的谷子，老相与说有一百多石，掌柜表示全都要，老相与这才慌了——瓦楞上一共才能挂多少谷子呢！他终于明白掌柜的眼力有多么厉害了。

随着乔家业务的不断拓展和重心的转移，粮食生意不再是最赚钱的买卖。清朝光绪年间，很多晋商都看中了票号生意，纷纷投身这一行，造成了票号业务既繁荣又竞争激烈的局面。当时的乔家要想在残酷的竞争中立于不败之地，就必须确保两个条件：一个是有雄厚的资本，这样才能玩得转；另一个就是要有优秀的人才，这样才能在斗争的漩涡中力挽狂澜。

乔家经营票号在晋商系中并不算早，所以缺少在这个行业中摸爬滚打走上来的行家里手。像六陈行的掌柜就无法做金融口的生意。还有一个不利的情况是，当时的掌门人乔致庸已经七十多岁了，虽然他个人能力出色，但一来年龄大了精力有限，二来身为东家也不便直接插手业务，所以急需能够帮助乔家打理票号买卖的人才。

此时的乔家在包头已经有了“复”字号和大德诚、大德兴这样带来财源的商号，可是在人才经营上却不占优势。同时期的日升昌票号，论规模比乔家差远了，可是人家有雷履泰这样的出色人才，将原本默默无闻的日升昌票号变成了远近闻名的大票号，震动业内。

就在乔致庸苦苦寻找人才时，一封来自汉口的书信让他看到了希望。有人告诉他，在福州蔚长厚票号当经理的阎维藩辞职还乡，把此人收过来就能让乔家的票号生意蒸蒸日上。

阎维藩是祁县下古县人，从小家境贫寒，没有读过多少书，后来进入平遥的蔚长厚票号当学徒。虽然文化水平有限，但是阎维藩机敏能干，情商极高，加上会写一手好字，所以很快就得到掌柜的赏识。经过几年的锻炼，阎维藩成长为一个精明强干的人才，最后被总号派到了福州的分庄出任经理。走马上任后，阎维藩进行了大胆的业务拓展，同时积极地和政府官员搞好关系，帮助蔚长厚铺出了一条通天大道，赚的是盆满钵满。

在阎维藩结交的官员中，有一位名叫恩寿的武官和他关系最好，还帮助他介绍了不少业务。阎维藩认为恩寿虽然现在还是个小官，但未来可期，于是就和他成了关系密切的好朋友。晚清政府腐败，官员只有花钱才能升迁，然而恩寿本人手头拮据，无钱给自己铺路，阎维藩慷慨解囊，为他垫付了十万两白银。后来，阎维藩去了福州的分庄任经理，因为资历尚浅，外加才干出众，免不了有人嫉贤妒能，于是就把他私自给恩寿垫付银两的事情报告给了总号。

蔚长厚总号掌柜得知阎维藩不打招呼就拿给别人十万两白银，自然非常生气，毕竟这是阎维藩和恩寿两个人的事情，万一对方无钱偿还，这笔钱该由谁出呢？于是，总号马上派人到福州来调查阎维藩。巧合的是，恩寿此时刚好被朝廷提拔到了福州，这个人脉投资算是有了回报的征兆，所以总号也就没有深究阎维藩的责任。

恩寿升职以后自然是财源滚滚，不用几年就还清了阎维藩借给他的十万两白银。按理说，这件事算是过去了，但生性好强的阎维藩觉得总号对自己还是不够信任，于是决定离开这里另谋高就。当阎维藩途经汉口时，恩寿正在湖广总督衙门里做事。得知老友路过此地，恩寿特意派出了仪仗队和车马队前去迎接，敲锣打鼓，鸣放鞭炮，弄得整个汉口都沸腾了，于是阎维藩的大名也就此被传播开来。乔致庸就是在这样的背景下收到那封信的。

乔致庸认定阎维藩是不可多得的人才，而他的辞职恰好是上天给乔家的机会，于是他急忙派儿子乔景仪去半路迎接阎维藩，以免他被别的票号抢走。乔景仪自然知道阎维藩对乔家的价值，于是准备了八抬大轿和两班人马去乔家堡三十里外的子洪口迎接阎维藩。这条路正是阎维藩回祁县老家的必经之路。

因为古代的交通和通信不发达，乔景仪足足等了几天才等到阎维藩。他恭恭敬敬地向对方说明了来意，表达了乔致庸爱慕人才的意愿。阎维藩自然知道乔家的大名，也被对方的诚意所打动，但是他也不好意思自己坐轿而让乔家的少爷骑马跟在身边，所以拒绝了这番好意。不过，乔景仪也是牢记父亲的叮嘱，非要阎维藩坐轿。两个人谦让一番之后，阎维藩表示可以把自己的衣帽放在轿子里，权当是代替自己坐轿，而他本人则和乔景仪骑马而行。

在阎维藩快要进入乔家堡时，报信的早就通知了乔致庸，乔致庸立即准备好宴席款待阎维藩。交谈之中，乔致庸发现阎维藩虽然不是满腹经纶，但知书达理，谈吐不俗，十分有见解，尤其是对票号生意有着相当丰富的经验，而且仅有三十六岁，正是干一番大事的年纪。乔致庸连连夸奖阎维藩是“经济大才”，表达了一种相见恨晚的激动心情。

此时的阎维藩正在考虑未来的出路，乔家主动上门找到了自己，这正是天作之合，他没有拒绝的理由。另外从未来的发展看，乔家的财力也超出了大多数的晋商，票号只要交给他经营，成为业内翘楚只是时间问题。

被蔚长厚怀疑和猜忌，原本就让阎维藩受了委屈，愤懑的情绪无处发泄，恰巧此时出现的乔家又对他极度尊重和仰慕，给了他东山再起的机会。经过一番商量，阎维藩正式接管了乔家的大德恒票号。

阎维藩主持大德恒票号长达二十六年，在他出任总经理的这段时间，他将才干发挥到了极致，让大德恒的业务日新月异地发展，每股账期分红高达八千两甚至一万两白银，哪怕是经历了甲午战争、义和团运动、庚子事变和辛亥革命，乔家的票号业务依然坚挺，而其他票号纷纷倒闭关门，这足以证明乔家选用阎维藩是最正确的决策。

阎维藩在蔚长厚不被善待和在乔家被重用形成了鲜明的对比，这也说明：东家任用大掌柜以后，就要对其绝对信任，而不能妄加揣测，否则只会破坏彼此的感情，造成大掌柜和东家离心离德。毕竟有些银钱的调用不能放到账面上，阎维藩结交恩寿也是为了让蔚长厚的路走得更顺，谁知东家却辜负了他的这片苦心。相比之下，乔家在任用阎维藩以后，就给予了他绝对的信任和至高的权力，而他也让乔家的票号生意蓬勃兴旺。单从用人的角度看，乔家已经胜出一筹。

◆ 一步登天的小伙计

人才是创造财富的关键，千金易得，一才难求。乔家在平稳度过了资本积累的阶段之后，最需要的并非资金，而是人才。虽然很多经营者都懂得人才的战略价值，但是真正能将人才收罗到麾下并充分利用的并不多见，而乔家在人才培养和选用方面堪称业内的样板。

在乔家的商业发展史中，有几位名声显赫、功勋卓著的掌柜和经理。除了前面提到的阎维藩和高钰，还有复盛公的大掌柜马公甫和复盛西粮店的掌柜马荀。相比于阎维藩，两位姓马的掌柜都算是后起之秀，却能力出众。

马公甫是祁县马家堡人，从小家境贫寒，没有念过多少书，早早就进入社会打工。因为能写会算，马公甫起初在包头的一家小杂货铺当记账先生，论起点比很多人还是高了一些。不过，马公甫并不是个安于现状的人，虽然他的收入和地位比出力气的一般伙计要高不少，但他不希望自己的人生以此为终点，所以一边干活一边寻找机会。后来，马公甫结识了复盛公的大掌柜，于是跳槽来到了乔家。

复盛公的大掌柜欣赏马公甫的才干，打算把他安排到账房里记账。虽然和过去的工种相同，但乔家的账本可不是一般的商号能比的，这对于马公甫而言绝对是职业生涯的大跨越。然而同行是冤家，当时复盛公的账房大先生感到了危机，拒绝了大掌柜的人事安排，表示账房的人手已经够用了。由于大先生也占着七八厘的身股，大掌柜不好和他翻脸，就寻摸着把马公甫安排到别的地方，然而扫了一圈才发现复盛公哪里都不缺人。这样一来，马公甫就无活可干了。

换作是别人，可能就直接走人了。然而马公甫是一个有心机的人，他知道只要傍上乔家这棵大树，未来的发展就难以估量，所以他拿出了卧薪尝胆的决心，脱下长袍，换上粗布衣服，主动去后院当起了杂役，每天早起晚睡，干的都是扫地挑水、喂马抬粪的脏活累活，变成了复盛公最不入流的下等伙计。

马公甫干杂役干了三年有余，其间他表现良好，无怨无悔。这一年，大掌柜按照规矩该去乔家大院汇报工作，但因为他已是古稀之年，腿脚不利索，就准备委派别人代劳。然而，其他人都害怕东家的声威，也怕因为不能对答如流而闹出纰漏，结果一个个全都往后退。很快，这个消息传到了马公甫的耳朵里，他嘲笑这些人胆子太小，而其他伙计听了以后反而嘲笑他说大话，于是马公甫就径直找到了大掌柜，表示自己愿意代劳。

大掌柜被马公甫的勇气打动了，他把需要向东家交代的事情一五一十地转述给马公甫。马公甫正准备出发时，忽然想到一个问题，于是就向大掌柜请教："要是东家问我顶多少生意，我怎么回答？"

所谓"顶多少生意"，其实就是指马公甫有多少身股。身股在商号中是地位的象征，有点类似今天的股东身份，而一个干杂活的伙计是没有身股的，按规矩是不可能和东家直接对话的，所以大掌柜只能给马公甫编造了一个"五厘身股"的假身份。

在准备工作做好之后，马公甫去了乔家堡。虽然马公甫之前没有和东家对接过，可他毕竟在复盛公工作了三年多，加上他天资聪慧又懂得随机应变，所以见到乔致庸之后不慌不乱，把需要交代的账目都说得一清二楚。当乔致庸问起复盛公的其他事务时，马公甫仍然对答如流，没有能难倒他的问题。乔致庸也对这个后生印象很好。但是，身为东家是不直接参与商号的人事调动的，马公甫深知这一点，所以在即将离开乔家时，他忽然把话题转移到了乔家的内政上。

马公甫对乔致庸说，如今乔家的生意兴旺发达，这是乔家前三代人的努力换来的，可是从三代往后的子弟中，找不到几个可以委以重任的接替者，少东家个个都是贪玩享乐之辈，作为掌门人的乔致庸应该严肃管理他们才对。

马公甫的这一番话戳中了乔致庸的痛点，他何尝不知道后代子孙们不成器。作为汇报工作的外人，马公甫根本无权谈论乔家的内务。不过，乔致庸的胸襟也非一般人能比，他虽然愤怒于马公甫的多嘴，可他更担心乔家的未来，所以从这个角度看，马公甫冒着被训斥甚至是被开除的风险说这一番话，也是对乔家忠心的表现。想到这里，乔致庸才忽然问起马公甫能顶多少生意，马公甫也按照大掌柜的交代说是五厘生意。乔致庸随即告诉马公甫，让大掌柜给他再加四厘的身股，以后就顶九厘的生意。

九厘的身股可不是一个小数目，如果正常奋斗至少要二十年，而这还只是最理想的状态。乔致庸之所以给马公甫开出这么高的价码，是因为他也知道复盛公的大掌柜年事已高，需要物色新的接班人，而这个敢于直谏的马公甫就是最佳人选。

马公甫回到复盛公，把经历的一切告诉了大掌柜。其实大掌柜这么多年也觉得有愧于马公甫，加上自己的确年岁已高，退休只是时间问题，所以从此就有意培养马公甫，也算是领会了乔致庸的用意。马公甫有了九厘的身股之后，不仅分红多了，权力也大了。他开始对复盛公进行积极的改革，严肃号规，整顿纪律，很快就让复盛公焕然一新，绽放出像新店开张那样的活力。另外，因为马公甫精通业务，经营有道，又给复盛公揽过来不少生意，所以在大掌柜退休之后，他毫无悬念地把大掌柜的工作接替了过来。

后来，由于复盛西连年亏损，乔家又让马公甫兼任了复盛西的大掌柜。马公甫也随即对复盛西进行了改革整顿，废除了不少陈规陋习，让复盛西也焕发出新的生机，他也成为乔家字号中唯一一身顶二股（掌管两个字号）的掌柜，留下了“马公甫一步登天”的佳话。

当然，马公甫并不只是因为交上了好运才平步青云，他原本就在复盛公耐心蛰伏了三年，每天都在学习和思考，所以当机会来临时，他比任何人更能把握住这一机会，加上他敢于冒险和善于揣摩人心，终于从下等伙计成为两大字号的掌柜。机会，永远都属于有准备的人，而每一个有准备的人，背后都默默付出了努力和心血。

◆ 不走寻常路的“狗掌柜”

乔家在包头的复盛西字号，有一个下属的粮店，人称“西店”。和其他字号相比，粮店的技术含量较低，所以这里的伙计都是些没什么文化的粗人，干的也都是脏活累活。西店的掌柜叫马荀，因为管理的是不入流的小店，所以他只有二三厘的身股。

马荀出身低微，没有念过几天书，所以被归为没文化的掌柜之列。但是他聪明能干，吃苦耐劳，而且在商圈里混迹多年，也算经验丰富，所以西店一直是生意兴隆。反观高高在上的总号，掌柜、先生和伙计虽然有些文化，却一个个好吃懒做，不思进取，所以连续两三个账期都是亏损，最后还要靠西店的收入来填补他们的窟窿。但是论起待遇，总号又比西店不知道好了多少倍。

这种分配不公的现象引起了西店上下的不满，很多伙计对马荀抱怨：大家吃苦受累也就算了，结果收入和付出不成正比，还被总号的人瞧不起，如何能咽下这口气呢！作为掌柜，马荀心里何尝没有气，他早就把自己的付出和收益计算了一遍，也十分理解伙计们的情绪，可他毕竟只是总号下辖的一个粮店的掌柜，人微言轻，也不能和伙计们一起开骂。经过一番思考，马荀决定趁着回家探亲的工夫面见东家，把粮店的苦衷说出来，让东家把粮店和总号分开，各自独立经营，如果东家不答应他就不继续干了。

马荀的计划没什么问题，但他毕竟是一个粗人，和乔致庸这样有才学、有见识的东家交流，万一说错了话怎么办？而且，脱离总号这种事必然会引起大掌柜的不满，搞不好他以后在包头都没法混了。

马荀的老家在祁县的姜家堡，距离乔家堡不过五六里的路程。因为他惦记着这件大事能否成功，于是连家都没来得及回就径直去了乔家大院。当马荀来到大门口的时候，他因为赶路和不修边幅，看起来和路边的乞丐没什么两样，所以被门房直接拦住不让进。马荀急中生智，告诉门房："快去禀报老东家，就说一个马大掌柜从包头回来了，有急事要报！"门房一听"大掌柜"和"有急事"，这才重视起来，急忙报告给乔致庸，然而乔致庸一听就笑了：从来没有人在他面前自称"大掌柜"！不过，乔致庸也对这个不速之客产生了好奇，就让马荀进来见面。

此时的马荀身穿一件满是尘土的白羊皮袄，面容憔悴，乔致庸认定此人不是骗子就是大贤。马荀自知机会难得，不能错过，就把粮店和复盛西的纠葛一五一十地讲了出来。因为这番话他准备了很久，加上思路清晰、声音洪亮，很快就让乔致庸明白了他讲述的重点。

在乔致庸看来，西店要独立经营不过是一桩小事，他更关注的是眼前这个自称"大掌柜"的马荀。此人虽然没有堂堂的仪表和得体的穿着，但言谈举止透露出精明强干，正是乔家做生意需要的人才。特别是得知马荀并没有念过书以后，乔致庸更加欣赏他这种在实践中锻炼本事的劲头。于是，乔致庸马上吩咐用人：准备厚礼和马车，送马荀回姜家堡。这个命令下达后，不仅用人愣住了，乔家其他人也惊讶万分，因为他们实在看不出这个马荀有什么值得被礼遇的地方。

旁人不懂，马荀心里却已经有数了，他知道乔致庸肯定了他的才能和意见，于是高高兴兴地坐上乔致庸的车回家过年。

临近年关，包头“复”字号的掌柜来到乔家大院向乔致庸交账。乔致庸想起马荀的话，就询问了他有关复盛西总号和粮店的事情，确认了马荀说的都是实情，于是就交代掌柜给西店独立运营的本钱，由马荀出任大掌柜，全权处理粮店的所有事务。

当马荀得知乔致庸的决定后，心早就飞向了西店，他立即回到包头建立了账户，正式成为复盛西粮店的大掌柜。因为马荀大字不认识几个，而掌柜又需要经常签字，他就只能照着大先生写的字生硬地模仿，结果把“马荀”写成了“马苟”，伙计们都暗地里叫他“马狗掌柜”。

虽然吃了没文化的亏，但马荀并不在意这个缺陷，反而一心一意地管理粮店，把他平时积累的才干统统使了出来。因为没有了总号的掣肘和负担，粮店的运营状况越来越好。在马荀主持工作的几十年里，粮店生意蒸蒸日上，给东家赚的银子要一车一车地拉，马荀也因此成为乔家商业帝国中的功臣之一。

乔致庸虽然崇尚儒学，也仰慕饱读诗书之人，但他并不以文化修养为标准来判断一个人的前途，他更看重的是一个人的实践能力和基本素质，而马荀身上的闪光点正是乔家所需要的，所以他才给了马荀展示才华的舞台。同样，马荀也没有因为自己是粗人而自轻自贱，他敢于放手一搏，也充满自信，因此获得了来之不易的上升机会。乔家能够诞生一位“马狗掌柜”，恰好从侧面证明了他们不拘一格任用人才的眼界和胸襟，这也是乔家生意越做越大的重要推力之一。

◆ 培养出第一任行长

乔家在用人方面的优秀机制，让乔家的所有商号都成了人才培育基地。人才不仅能在乔家得到培养，还有大把崭露头角的机会，而乔家最大的成绩就是培养出了大清银行的第一任行长贾继英。

贾继英是山西榆次六堡村人，从小受到父亲的启蒙教育，后来又进入私塾学习，知识掌握了不少，但是因为家境贫寒无法继续念书，只能进入社会打工。在别人的推荐下，贾继英来到乔家的大德恒票号当学徒。原本贾继英并没有多少出头机会，可因为念过书，有主见，头脑灵活，所以很受大掌柜阎维藩的器重。

在阎掌柜的培养下，贾继英二十岁就被破格提拔为大德恒的太原分号经理，他兢兢业业地工作了五年，没有出过一点差错。就在这时，庚子事变发生，八国联军占领了北京，慈禧太后带着光绪帝一路向西避难。由于连年战乱加上河北等地持续干旱，各级官僚机构陷入瘫痪状态，慈禧太后连吃一个鸡蛋都极度困难，直到进入山西地界情况才稍有好转。

因为是仓皇逃出北京，所以慈禧太后一行人身上没有多少盘缠，又因为目的地是西安，大队人马衣食住行都需要钱，所以慈禧太后只能让随行的大臣们通过山西巡抚筹措白银。然而当时的山西府库也是空空如也，巡抚只能召集太原附近各大商号的掌柜们筹措白银。

如果不是晚清时期，朝廷有难的时候向大权独揽的太后表示忠心是绝好的上位良机。然而明眼人都能看出，大清政权风雨飘摇，今天被八国联军赶出京城，明天就可能会被废掉，借出的钱必然是打了水漂，所以商量半天都没有谁愿意拿出钱来。不过，碍于山西巡抚的面子和官威，各大票号的掌柜推出二十五岁的贾继英，让他来想办法。

贾继英虽然年轻，但看问题很有远见，他知道大清王朝今非昔比，也知道业内同仁是在拿自己做挡箭牌。不过他心里并不慌，因为他觉得朝廷不会这么快就倒台，外国侵略者也不会在短时间内把大清王朝推翻，那么清廷出于皇权的尊严不至于借钱不还；就算这一切设想都错了，大清瞬间灭亡，等待所有商户和百姓的也将是惊天浩劫，手里的白银照样保不住。最后，贾继英做了决定：既然横竖都可能有风险，那就选一个听上去最靠谱的风险。

贾继英心里有数以后，就大大方方地来到朝廷大臣和山西巡抚面前，先是介绍了一下自己的身份，然后慷慨陈词："自古道，天下兴亡，匹夫有责。今日朝廷有难，皇室出行略有拮据，我们票号理应全力效忠。不知需要多少银子？"大家一看贾继英不卑不亢，有礼有节，顿时对这个后生刮目相看。经过商议，朝廷和巡抚表示一共需要三十万两白银。贾继英听了以后，询问身边各票号的掌柜，这下大家都不干了，不是哭穷就是叫苦，没有人愿意出钱。就在场面有些尴尬之时，贾继英大声说道："既然诸位有难处，这三十万两白银我大德恒一家包了！"

贾继英的这番话不仅震动了在场的各位掌柜，也让朝廷大臣和巡抚倍感惊讶，他们原以为这次筹钱会困难重重，却想不到贾继英一个人就解决了。趁此机会，贾继英又表示大德恒可以汇兑太后出行的赋税收入，等于变相揽了一个业务。这个请求自然也得到了应允。

贾继英虽然自作主张借给朝廷三十万两白银，然而这个举动不但没有受到乔致庸和阎维藩的责备，反而受到他们的赞扬，阎维藩甚至夸奖说："一千年也出不了一个贾继英。"

慈禧太后一行人在太原修整一番后，继续赶路去西安，在经过祁县时又把大德通总号当成了临时行宫。为了恭迎太后驾临，大德通上上下下一番布置，在地上铺满了红地毯，大厅里挂上了锦缎，准备了美酒佳肴，就像在北京的紫禁城一样的排场。慈禧太后看了以后非常高兴，大德通也算是风光了一次。

慈禧太后一行人在西安住了一年左右，赋税收入的大部分都由大德恒经管。在某种程度上大德恒成了临时国库，最后三十万两白银不仅如数收回，还赚了一大笔汇兑业务的钱。

随着《辛丑条约》的签订，国内局势渐渐稳定下来，西方列强也意识到，想要维持中国半殖民地的社会形态，大清王朝还有保留的必要，否则中国一旦陷入内乱将不便于管理。于是，慈禧太后等人回到了北京。

经过庚子事变，慈禧变得更加小心谨慎，危机感空前强烈。一路上的惨痛经历让她产生了新的想法：皇室有难，一个山西的普通票号竟然能拿出三十万两白银，这说明开票号确实赚钱，那么朝廷为什么不能也开一个票号呢？

慈禧太后在西安的这一年，贾继英和朝廷保持着密切的往来，结识了不少慈禧太后身边的重要人物，而他在关键时刻的挺身而出也给慈禧太后留下了良好的印象。于是，慈禧太后决定开办票号以后，有意让贾继英过来帮忙。很快，贾继英被召到了京城。来到紫禁城以后，慈禧太后先是夸奖了贾继英，然后问他愿意做官还是经商。贾继英小心翼翼地表示，他不是做官那块料，经商倒是得心应手。于是慈禧太后告诉贾继英，这一次派给他的任务既是当官也是经商，随后下旨授予贾继英官品并赏给他半副銮驾，让他负责筹办大清户部银行。从这一刻开始，贾继英正式离开了乔家，成了大清的户部银行行长。他还乘坐慈禧太后赏赐的半副銮驾风光地从北京回到了山西榆次六堡村，实现了衣锦还乡的人生夙愿。

1905年，大清户部银行筹集到了四百万两白银的巨额资本金，正式开张，贾继英出任行长。1908年，户部银行改组为大清银行，资本银扩增到一千万两白银，贾继英则继续出任行长。1911年，辛亥革命爆发，不久大清银行倒闭。贾继英虽然丢了职位，但是他在中国金融界的影响力依然存在，很快他就被阎锡山任命为山西省晋胜银行行长，继续发挥着他的聪明才智。七七事变爆发后，贾继英避难到兰州，在孔祥熙的支持下出任中央银行兰州分行经理，同时还兼任大西北的中央银行、中国银行、交通银行、农民银行四行联合办事处主任。虽然贾继英一生都在和钱打交道，但是他本人并无敛财之心，去世时遗物中只有两瓶白兰地、一根金条和十两大烟土。贾继英是中国现代金融的开创者之一，在新经济形式的探索和建设方面贡献很大。

当所有票号退缩时，贾继英看到了为朝廷分忧的大忠大义；当所有掌柜后退时，贾继英看到了与朝廷合作的商机前景；当机会来临时，贾继英不失时机成功上位；当变故发生时，贾继英又能全身而退。从贾继英的传奇经历上，我们能窥见乔家在培养高端人才时的用心与包容：既为他们确立一个发展方向，又给予他们充分的自主权。而他们的精明分析和果断决策，也帮助乔家的生意迈上了一个新台阶。

◆ 用人不疑，疑人不用

在晋商文化中，用人是非常讲究的，不是那种事无巨细和面面俱到的管理模式，而是以大掌柜为核心的放手式管理模式。也就是说，东家平时不会干预大掌柜对商号的具体经营行为，也不会随意打听，只是在一个账期结束时才去商号考察经营情况，顺便听大掌柜汇报这三年来的经营情况（通常一个账期是三年），根据这些信息再做出相应的决策。

乔家为了选拔出最适合的大掌柜，制定了十分严格的标准：首先是确认对方的道德素质，其次是观察对方的仪表谈吐，最后是检验对方的能力。简而言之，只有德才兼备的人才能被委以重任。

乔家的选拔标准看似有些苛刻，但是只要通过考察，正式上任之后，乔家就会把大权交给大掌柜，这一点和其他晋商相差无几。东家的定位只是分红和定夺大事，其他事情都交给大掌柜全权处理，这样做的好处是能够发挥一个人最大的聪明才智，从而让商号获得最高的经济收益。

不过，乔家和其他晋商有一点不同，那就是即使到了账期也不会去商号，而是让大掌柜拿上账本去乔家大院里汇报经营情况。这样做看起来有些麻烦，其实是在给大掌柜减轻压力，因为一旦账期临近，商号为了迎接东家的视察往往要精心准备一番，这样不仅牵扯了精力也会让大掌柜的自主权受到限制。因此，乔家采取了比其他晋商更为自由的人才使用策略。除此之外，每当大掌柜去乔家堡汇报时，乔家还会特意准备一桌丰盛的酒席，所有的乔家子弟轮番向大掌柜敬酒，给予对方最大的尊重。

那么，乔家对大掌柜的无条件信任的结果如何呢？相信大家都看到了，那就是乔家的生意越来越红火，比一般晋商经营的买卖生命力更加持久。从这个角度看，放手和获利是成正比的关系。

大掌柜核心管理机制，就是将商号的人、权、财全部交给了大掌柜。这是一种一次性的分配，而不是再将这些资源分配给其他小掌柜。这样做的好处是方便管理，也能够最大限度地发挥大掌柜的经营自主权，因此从这个角度看，各个商号实行的是大掌柜集权管理制度。

乔家的大德通票号就是完美实践这种制度的代表：总号对各个分号的财务、人事以及经营都有绝对的干预权力，能够随时随地地调动各个分号的资金和人力；分号要进行重要决策时，必须向总号请示，得到大掌柜的允许后才能实施。自然，从总号到分号的人事任免也要由大掌柜来定夺，哪个伙计和先生要升职涨工资，也是大掌柜一人说了算，令行禁止，绝对有效。

当高度的集权主义发展到一定阶段后，就会变成专制独裁的管理制度，虽然听起来有些落后倒退的意味，但其实越是专制越有利于决策，特别是在市场环境瞬息万变的情况下，有人能迅速拍板才能抓住机会。

乔家在包头的复盛公就是大掌柜专制独裁体系，这种体系让复盛公具备了极强的适应性。1922年，复盛油坊一个姓郭的掌柜做了一次粮盘，结果没有在涨价时出手，粮价回落后造成了积压。这件事被复盛公的大掌柜马公甫知道后，他狠狠地批评了郭掌柜，结果郭掌柜因内心不安而忧郁成疾，最后病死。后来，粮价再次上涨，积压的粮食又赚了钱，马公甫就在结账期对已经故去的郭掌柜进行了奖励——追加他一厘的身股。从这件事不难看出，大掌柜专制可以有效震慑各分号的小掌柜，同时也不会因为一言堂而蛮不讲理。

1924年，乔家第五代掌门人乔映霞打算在包头和归化等地包销英美烟草公司的香烟，还特地从祁县运来二十五万银圆作为押金。按理说，东家的掌门人有商业计划，大掌柜不得不从，可是当时的马公甫却认为这个买卖无利可图，风险很大，坚决表示反对，最后东家只能作罢。从这件事也能看出，独断专行的大掌柜管理制度，既针对分号也针对东家。从某种角度看，这也是乔家用专业人才给自己“上保险”的一种办法，可以规避乔家子弟做出错误的决策，保护财产的安全。

乔家对大掌柜的调用，反映出他们对“信任”和“自由”的深刻理解：“信任”是一种辅助力量，和“怀疑”相反，能够让大掌柜放手一搏，而不是束手束脚，避免了大掌柜因为东家的猜疑而犹豫不决的情况发生；“自由”是一种理性力量，能够让东家不必为商号的事情焦虑操心，既放松了自己又放松了大掌柜，让双方都能在事先圈定好的范围内做事，最终促使乔家的生意不断上升到新的发展阶段。

当然，无论是集权还是专制，前提都必须是大掌柜的人选合格，这也是为什么乔家在选拔阶段对大掌柜提出各种苛刻要求的原因。这种“严进宽出”的思路，既保证了大掌柜不会坑害东家，又能在大掌柜通过选拔后不束缚其才干。

大掌柜专权的管理模式，也在一定程度上约束了各商号的伙计，因为他们知道东家不会管自己，但是大掌柜说一不二，如果让他不满意自己就可能丢掉饭碗。因此，伙计们每天都会认真工作，对大掌柜的吩咐言听计从，没有一个偷懒怠工。哪怕是晚上打烊以后，总号的伙计也不会马上下班。比如大德通总号在关门后仍然会点上蜡烛，里面的伙计不是在练习写字就是在练习打算盘，声音可以传到街对面。

出于对东家负责的态度，大掌柜对伙计的筛选是非常严格的。

在挑选环节，大掌柜要看伙计的相貌、身材、口才、文化以及家庭背景。之所以重视这些，是因为有些伙计需要和客户沟通，长相丑陋自然会损害乔家的形象，口齿不灵会影响正常沟通，文化太差会给工作带来障碍，家庭关系复杂会牵扯正常的工作精力……总之，每一条标准都要符合商号的利益才行。当然，有些选拔要求听起来有些奇葩，比如大德通票号常年准备了一双铁鞋，新来的伙计必须穿进去这双鞋才有资格入号，这是因为商号不要脚大的。

在试用环节，大掌柜会对伙计进行警示：不准说别人的闲话，不准拿别人的东西。在新伙计记住这两条以后，发给他们"五壶四把"。"五壶"指的是茶壶、酒壶、水烟壶、喷壶和夜壶；"四把"指的是扫帚、鸡毛掸子、毛巾和抹布。拿到这些东西，意味着新伙计要从最下等的杂役干起。杂役虽然听起来没有什么技术含量，却是最能磨炼人的工作，三年的学徒时间，只有无怨无悔地把这些事情做好，才有机会去其他位置上工作。当然，这种试用标准只能存在于封建社会，放在今天确实有损员工的利益，毕竟学徒的工资待遇很低。

在大掌柜的严格要求和管控之下，总号和分号的伙计个个尽职尽责，经过一段时间的历练都能变成独当一面的行家里手。

为东家培养人才，是大掌柜肩负的重责之一，而乔家挑选的每位掌柜都不是嫉贤妒能之辈，他们能够从大局出发，选拔那些有发展潜力的人才。即使这些挑选出来的精英在未来可能会顶替自己，大掌柜们依然会任人唯贤。也正是这环环相扣的人才选拔任用机制，让有才干的后辈不断涌出，他们能够在前辈的教导下学习和成长，也能在前辈退居幕后时扛起重担。这就是乔家建立的良性人才培养机制，它不仅能够正向循环，也能内部循环，让乔家的商业帝国维系百年的昌盛繁荣。

◆ 身股制打造精英队伍

做生意，看似用的是钱，其实用的是人才，因为钱可以筹措，但是人才并不能轻易获得。只有把人放在经营策略的首要位置上，才能在商业竞争中不断创新拓展，赢得产品利润和生存空间。

整个晋商系对人才的重视程度普遍很高。为了留住人才，晋商创造了一套行之有效的制度——身股制。何谓“身股制”？受东家雇用的员工除了领取伙食费、服装和工资以外，当资历达到一定程度后就能顶身股，最多为一股，最少为一厘，这个比例就决定了员工参与分红的多少。因此，晋商系的店铺，经营利润一部分按银股给东家，另一部分就是按身股给员工。银股和身股同股同权，简单说就是生意赔了是东家的，生意赚了是东家和员工的。

或许有人会认为，这种东家可能吃亏而员工旱涝保收的分配模式“不公平”。其实正是这种“不公平”促成了另一种“公平”：无论是掌柜还是员工，他们原本没有资本优势，但是可以通过个人努力赚取工资之外的收入；东家靠着自己或者祖上积累了大量财富，但他们也不是躺着赚钱，依然要承担一定的风险。所以综合来看，身股制度让“出资”和“出力”达到了尽可能的平衡。

在晋商系的大字号中，银股一般不超过二十股，每股资本金为五千两到两万两白银；身股通常是银股的三分之一或者一半，也有身股等于或者高于银股的，不过比较少见。银股是固定的，而身股会随着经营状况的改变而调整，也就是说店铺赚钱了，每个员工的身股都能增加，但是东家的银股保持不变，这样就能把红利多分给员工，让他们更努力地把生意做好，所以越是生意红火的店铺身股的比例越高，这就成为判断一个字号经营状况的依据。

那么，员工有了身股以后，大概能分到多少钱呢？如果是较大的字号，一般每个账期分红在两千两到一万两白银之间。如果一个员工有一厘的身股，就能拿到二百两到一千两白银的分红，而当时很多农民的年收入不超过二十两白银，可见这笔钱的分量。如果身股接近一股，那分到的红利就差不多以十倍计算了。

身股制的创立，是中国封建社会产生的最能调动员工积极性的科学方法，所以晋商系的店铺中很少能看到懒人。因为努力与否关系到能分红多少，而且差距是巨大的，所以每个员工都会殚精竭虑地琢磨如何让店铺的生意红火起来，他们为此早来晚走、提升技能、狂揽生意，带动了整个晋商系经营水平的发展。

不过，由于东家出资的客观存在，很多晋商系的店铺中，身股的比例还是会被严格控制，通常情况下都是银股多、身股少，比例基本上维持在八比二、七比三、六比四这几个区间。员工分红不难，但想要分到大份的红利就要靠个人的才能了。

但是，乔家的身股比例却和一般的晋商不同。以乔家的复盛公为例，银股一共有十四股，而身股却有十七股；大德通票号是银股有二十股，身股有二十四股。要知道，大德通的资本金是二十二万两白银，这意味着超过一半的红利要分给一分钱没有入股的员工。当然，这种身股高于银股的情况也只在乔家的店铺中存在。

那么问题来了，乔家把红利的大头全都让给了员工，自己分到的钱不是越来越少了吗？其实，乔家早就算好了一笔账。他们认为，一般晋商系的身股比例占得太少，员工能赚到外快，但是这个数目还不足以让他们发挥最大的积极性，有的人为了贪图安逸可能就不愿意付出了。所以只有提高身股的占比，刺激员工的野心，才能真正把员工自身的利益和店铺的利益绑定在一起。简单地说，乔家沿用了晋商的身股制，同时又对它进行了必要的调整，为的就是找到一个最能激活员工斗志的点。而且作为东家，银股占比虽然少，但如果员工拼命地创造价值，分红的总额就会明显增加，那么东家拿到的钱也会变多，并没有损失任何利益。

还是以复盛公为例。从1801年改组到1950年结束，它的生意一直保持增长的趋势，在包头称雄长达一百五十年。当初的资本金是三万两白银，三年一个账期，平均每股分红高达三千两白银，资本利润率接近百分之百。同样，大德通票号也是常年生意兴隆，1889年有二十个银股、九点七个身股，纯利润达到两万五千两白银，乔家分红一万七千两白银。后来身股比例逐渐增加到了二十四股，而盈利增长量是原来的二十八点六倍。虽然有一半多的红利要分给员工，但是乔家自己的分红也达到了三十四万两白银，增加到了二十倍。

乔家在身股制上对员工的优待，最终都变成了真金白银的成果。乔家的慷慨没有白费，他们让其他店铺看到了激发员工积极性的作用，这也是乔家不断创造商业奇迹的关键。归根结底，事是人办的，钱也是人赚的。企业经营和管理的重心应该围绕着员工进行，这种围绕要体现出尊重和鼓励，而不是算计和蒙骗，因为人的力量可以帮助你更上一个台阶，也能推着你走向关门倒闭的深渊。

第九章

长盛不衰的传奇乔家

◆ 互相支撑的经济结构

一个能够维系二百年长盛不衰的家族企业，单靠财运和靠山是不够的，必然有一个符合生存需求的经济结构，这个结构就是以族人为基础、商号相辅相成的乔氏财团体制。

乔家的财团体制，主要体现在跨行业和跨地区两个方面，所以和一般的单行业和单地区相比要稳定很多，也更能适应市场和社会的瞬息万变。

在跨行业方面，乔家的生意可以说是全面铺开，从菜园到油坊，从粮店到面铺，从绒毛皮店到估衣铺，从当铺到钱庄，从茶庄到票号……几乎覆盖了人们日常生活的方方面面。这样的好处就是可以形成链条式的消费。比如，购买了用来烹饪的油，就要购买做饭的米和面。如果赶上重大节日，家里要改善的就不只是吃，还有一些延伸的消费，比如茶叶。另外，如果不幸走了霉运，需要用钱，就会去当铺和估衣铺，而如果后来咸鱼翻身，又会走进票号……这些形成了一个几乎闭环的交易流程，而乔家横跨的行业覆盖到了每个角落。

跨行业的好处在于能够随时抓住有发展机会的行业，也能用获利行业的收入填补失利行业的亏空，从而赢得主动权，不会发生倒账的危险。这就是乔家设计的字号之间相辅相成的经营模式，凭借这种模式才能长盛不衰。

随着中国近代民族资本主义的觉醒和发展，小农经济和家庭手工业逐步走向衰亡，这意味着人与人的经济交往范围扩大了，不再局限于一村一城，所以跨地区的买卖就有了市场，乔家在这方面更是做到了精确的布局。

在包头，乔家有“复”字号的系列商号：主营当铺和钱铺的复盛全，经营粮油米面的复盛公，主营钱铺和当铺的复盛西。三大号都涉足金融和日用。除此之外还有专营的商号，比如复盛菜园、复盛油坊、复盛西面铺、复盛协钱铺、复盛锦钱铺等，从全面经营到特种经营无一不包，既具备了强大的市场适应性又具备专营能力。

在归化，乔家有主营日用百货的通顺南店，还有主营绒毛皮张的通顺北店以及主营米面的德盛长等字号；在太原、太谷等地，有主营钱当业务的晋泉涌和恒豫钱铺；在祁县，有专门从事中俄边贸的大德诚茶庄和大德兴茶庄，还有经营茶叶后转型为金融行业的义中恒钱铺；在乔家堡，有主营日用百货兼营餐饮的万川汇，还有专营木器生意的天德行。

除了山西一带，乔家的各大分号还遍布全国，既有当时经济发展程度较好的香港、上海、苏州、汉口、重庆、天津等，也有北京、西安、长沙、奉天（今沈阳）这些具有政治影响力或交通便利的地方，可以说贯穿了中国当时够格上榜的大部分城市。这就给乔家带来了两方面的便利：一方面，乔家可以通过这些政治、经济中心了解时事，考察市场，发现消费需求，进而做出新的商业决策；另一方面，乔家可以将自己的名声传得更远，通过这些政治、经济和交通要冲，间接推广自己的生意。

跨地域的好处和跨行业的好处大体相似，乔家能够迅速抓住某个繁荣地区的商业机会，将资金调集过来干大事，而不会白白让机会从眼前溜走。同样，如果哪个地区发生动乱，影响到正常的经营秩序，那么获利地区的商号就可以对其“输血”，保证其不会伤筋动骨。这种跨地域的遥相呼应，确保了乔家商业帝国的总体平衡。

包头的复盛公、复盛全和复盛西就经常上演“互帮互助”的举动。比如当铺需要银子，钱铺就负责垫付，耽误不了生意；到了春季当铺赎货的时候，收上的银子又可以给菜园开销；等到秋天菜园赚钱了，又能给粮油店进货。这就形成了一个良性循环，互为补充，比单纯做一个行业要更加灵活和稳定。所以乔家的生意总是比其他家要更具备市场竞争力。

在包头，大德通票号有分号，乔家一有闲钱就存进去，大德通有了收益就会“反哺”。而大德通和大德恒两大票号的相互配合更是家常便饭：如果汉口银根紧缩，放贷利息高，而北京的存款又过剩，放贷利息疲软，那就可以灵活机动地把北京的钱南调到汉口，赚的就是存贷的价差；同样，如果大德通的分号经营遇到了问题，大德恒分号也会全力填窟窿。这样一来，乔家的金融体系就形成了跨分号、跨地域的优势互补。

《辛丑条约》签订以后，北京城里银根紧缩到空前程度，放贷利息极高，乔家看准了这个机会，把资金充盈的包头票号的白银调到北京，供应大德通和大德恒两大票号，一下子就获得了高额利润。辛亥革命爆发后，北京遭受了前所未有的金融挤兑浪潮，而远在西北的包头就没有受到波及，成了大德通和大德恒的坚强后盾。

事实证明，乔家的这种稳定的财团制度，在整个晋商体系中是最为高明的经营模式，而没有奉行这套法则的家族，往往就会因为意外由盛及衰。最典型的就是榆次的常家。

常家和乔家一样都是山西的十大财东之一。他们一手推动了中俄边贸的发展进程，成为当时晋商势力最大的一支，年贸易额高达几百万甚至上千万卢布，在短时间内积累了大量的财富。然而在第二次鸦片战争以后，俄国人获得了在中国内陆经营的特权，恰克图的贸易地位迅速下跌，常家原有的资源也随之枯萎。因为他们只做中俄茶叶贸易，没有其他与之匹配的收入来源，所以就走了下坡路。

反观乔家，虽然当时也参与了中俄茶叶贸易，然而还同时经营票号业务，而且这一行的收益比茶叶贸易更多，所以就不像常家那样受到严重的影响，反而乘势走了上坡路，在晋商中的地位更高了。这就是跨行业和单行业对抗意外风险的差别。

同理，单地域的经营也存在巨大的风险。比如平遥的李家，它开创的中国的票号始祖日升昌票号，一度是经营状况最好的票号，有“天下第一号”的美誉。凭借这一个票号，李家每个账期的红利就高达几十万两白银。然而在辛亥革命爆发以后，金融挤兑风潮迅速吞噬了日升昌票号，大批的放款要不回来，而储户们又纷纷提款，李家只能破产还债。

鲜活的事例一再证明乔家跨行业跨地域经营十分正确，让他们成功躲过了几次灭顶之灾，并成为晋商中长寿的老字号之一。这种稳定的经济结构，对现代企业也有启示意义：当企业财力雄厚时，每个行业和每个地域都应该有适当规模的分部或者子公司；当企业财力单薄时，就尽量学习早期的常家和李家，看准一个行业猛扎进去，而不是搞分散投资，否则很容易被分批吃掉。总的来说，财力的集中和分散需要依据具体情况来定，更需要掌握平衡，这样才能让收益最大化、风险最小化。

◆ 永远不倒的靠山

中国是一个封建社会存在长达数千年的国度，由此形成了“人治”的基础，官府凭借强大的国家机器撑腰，将各种权力集于一身，成为社会上最有号召力和执行力的存在。同时，中国又是一个重农抑商的国家，经商想要有所作为，不依靠政策和人脉是很难做大做强的。因此，每个想要在这种体制下获得成功的人，都迫切希望拥有来自政府的强大靠山，商人也不例外。他们深知政府的保护能够让自己在行业中安全发展，即使遭遇意外变故也会因为抗风险能力的提升而安然无恙。

当年乔贵发在做豆腐坊、粮油店这种小生意时，自然不需要考虑结交官府的问题。但是随着买卖越做越大，他逐渐意识到背靠官府有多重要，这种观念自然就传给了乔家的后人，由此确立了乔家结交官府的基本政策。

清朝咸丰和同治年间，太平天国运动和回民起义爆发，造成了严重的社会动荡。很快，起义队伍就朝着包头一带逼近，清政府立即派出军队前去驻防。和其他因为政治文化形成的城镇不同，包头是一个纯粹依靠汉蒙贸易而发展起来的新兴商贸集镇，所以这里的国家机器非常单薄，衙门里只有一个巡检官员和几十个士兵，战斗力十分孱弱，管理能力也不足。平时包头市面上的大事小情都交给一个叫“公行”的组织处理，这个组织就是商会，它相当于一个编外的“小政府”。

在回民起义爆发后，包头面临着严重的防御问题，因为这里是草原村庄发展而来的，缺乏天然屏障，加上一直没有修建城墙，军事功能很差。清政府在派出官员驻守包头时，最需要的是白银，以补充军费，而当时贡献最多的就是乔家的“复”字号商铺。乔家在慷慨解囊的同时，也没有放过这个和政府接触的机会，一来二去就和几个要员熟识了。

当时的包头不仅面临着农民战争和少数民族起义的威胁，也经常被附近聚集起来的土匪、强盗骚扰，这些人经常以或暴力或流氓的行为扰乱市场经营秩序，动不动就敲诈有钱的商户，给老百姓和商家都造成了损失。朝廷出于维护地方治安的考虑，决定把包头治安的事务交给乔家的“复”字号，还特地为此制作了一个类似尚方宝剑的“木鞭”。这个木鞭上面有朝廷的官印，平时悬挂在复盛公的柱子上，代表着朝廷的威严，而一旦抓住了土匪、流氓等不法分子，即使用这根木鞭打死他们也不用偿命。这样一来，很多恶人都不敢在包头一带为非作歹了，特别是对乔家的商铺。当然，乔家的忠厚仁义也让他们没有用木鞭打死过任何人。

乔家不仅努力结交地方官，对朝廷中的一品大员也是极力拉拢，其中最风光的一件事就是左宗棠的到来。

当时，左宗棠任职陕甘总督，兼任新疆督办。由于回民起义和沙俄觊觎中国的西北地区，左宗棠奉命带领大军出兵新疆，宣告大清的主权，终于扼制了沙俄侵略的野心。然而当时的清政府财政空虚，打仗又十分耗费钱粮，左宗棠很是为难。就在这时，乔家的大德通和大德恒两大票号垫付了左宗棠需要的军费，这让他对乔家十分感恩。

此时乔家的掌门人是第三代的乔致庸，他的博学多才和儒雅风范早已名声在外，左宗棠得知后更是有了前去拜访乔家的想法。因为战事吃紧，左宗棠一直没能腾出时间，直到西北局势安定下来以后，左宗棠班师回朝的途中恰巧经过祁县，于是就绕了一段路去乔家堡拜访乔致庸。

乔致庸得知左宗棠要来，自然是喜出望外。不过他毕竟常年在远离京畿的小地方，不懂和朝中大员交往的规矩，于是特意找来宁守堂乔致远的儿子乔超五。因为乔超五曾经在直隶新城县做过五品知县，熟悉朝廷礼仪，所以乔致庸就委托他负责左宗棠的接待工作。

经过乔超五的一番安排，乔致庸这才了解到其中的规矩有多复杂：有官衔的女人怎么送茶倒水，有官衔的男人怎么贴身陪侍，地毯该怎么铺设，厅堂该如何布置，见到左宗棠的坐姿、站姿和走姿要怎样讲究……经过忙碌的布置和训练以后，总算初见成效。

这天，左宗棠带着浩浩荡荡的人马朝着乔家堡赶来，乔家上下老远就跪下行礼。当左宗棠从轿子里下来时，人们看到他竟然穿着一身便服，丝毫没有封疆大吏的派头，反而是平易近人，这多少让紧张的乔家人放松了点儿心情。当旁人向左宗棠介绍乔致庸的时候，左宗棠不等对方行礼，一把抓住乔致庸的手叫了一声“亮大哥”。这个称谓让乔致庸瞠目结舌，急忙表示受用不起。

其实，左宗棠见到乔家人后的反应，并非刻意为之，因为他本就出身平民，生性直爽朴素，不太看重这些繁文缛节，同时他又把乔家人当成帮助自己的贵人，所以才如此不分尊卑地称呼对方。

乔致庸和左宗棠可谓一见如故。虽然一个是书生出身，一个投身行伍，但左宗棠也是有学问之人，与乔致庸交谈甚欢。偏巧这时乔家大院刚刚经过翻修，打算在大门前做一个百寿图，乔致庸就邀请左宗棠题写对联。左宗棠不好推辞，即兴题写了“损人欲以复天理，蓄道德而能文章”的对子，横批为“履和”。

从这副对联中可以看出，左宗棠认可了乔家诚信经营的商业道德，也赏识乔致庸的满腹才华，对乔家人寄予了厚望，因此这副对联一直保留在乔家大院门前。

左宗棠来乔家是一件见证了乔家的辉煌的大事，而后来的乔家人也在延续这种结交权贵的策略。比如在大德恒票号总经理阎维藩管家时，他先后十多年和恩寿交往，无论对方是江苏巡抚还是陕西巡抚，阎维藩一直和他保持良好的关系，这也为大德恒的生意开拓起到了铺垫作用。

乔家不仅和左宗棠有过这么一段值得大书特书的交往，还和当时的大清总理兼北洋大臣李鸿章有过联系。在乔家大院的大门上有一副明光铿亮的铜板对联：“子孙贤，族将大；兄弟睦，家之肥。”这副对联正是李鸿章所赠。

李鸿章和乔家的往来，和当时的洋务运动有关。大清为了在技术上向西方列强看齐，以李鸿章为首的洋务派开始了技术革新，而李鸿章瞄准的就是大英帝国的坚船利炮，为此积极组建了北洋水师。不过，发展军事需要大笔的银子，而当时清政府国库空虚，根本拿不出需要的军费，李鸿章只能通过民间筹款的方式慢慢凑。

山西票号早已名声在外，李鸿章认为晋商手中有钱，就向他们提出了募捐的要求。而当时乔家的大德通和大德恒两大票号正好处于事业发展的顶峰，财力雄厚，所以就痛快地满足了李鸿章的要求，独家出资十万两白银，为北洋水师购买了一艘军舰。如此的大手笔让李鸿章备受感动，后来经过中间人的介绍，李鸿章就欣然命笔题写了一副对联赠送给乔家。

有意思的是，这十万两白银是在掌柜没有通知乔致庸的情况下花出去的，但是当乔致庸看到用十万两白银换来的对联之后，不仅没有动怒，反而十分高兴，因为在他眼里，有当朝的重臣给自家题写对联是一件光耀门楣的大好事，十万两白银花得值当。毕竟，白银常有，而李鸿章的对联不常有。

除了结交朝廷重臣，乔家和其他当朝要员也积极走动。比如当时大德通票号的经理高钰和陕西布政使端方交情笃深，端方成为大德通最强硬的后台，在战乱时期多次力保乔家的买卖不受骚扰。此外，乔家和山西巡抚赵尔巽、岑春煊、丁宝铨也都过从甚密，还密切交往过京师的九门提督马玉昆以及后来的山西"土皇帝"阎锡山等人。至于其他官职相对小一些的官员，乔家更是结交无数。

除了与官府中人结为密友，乔家还会通过联姻来扩大人脉，连北洋政府代总统冯国璋的外甥女都被他们娶进门。

结交官府，或许并非乔家人创业的初心。如果没有人治社会的桎梏，如果市场绝对公平，或许乔家人就会一门心思放在经营上。然而社会大环境不允许他们这样做，他们只能在一面做好生意的同时一面拓展在官府中的人脉，用这些私人关系保护乔家商业帝国的安全发展。当然他们也从中受益很多。

◆ 无规矩不成家业

当乔家依靠第一代人的努力，从一穷二白变为富甲一方的巨贾之后，生活水平提高了，但是随之而来的一个问题就是如何树立家风。乔家历经四代人的努力，终于积攒了巨额的财富，后世子孙们花钱花得潇洒风光、不亦乐乎。

无论红白喜事，乔家的宴席都十分讲究排场。当时祁县很多大户人家的标准是“八碗八碟”，这在寻常百姓家已是奢侈豪华，然而在乔家根本不值一提。乔家有着“上三台”的说法，也就是除了“八碗八碟”之外，还会有点心、水果、三炒三烩等，总计一百二十四种食物，分成三台，以鸡、鸭、乳猪为核心各成一体。如果是有贵宾到场的宴席，总量上还是一百二十四种食物，但是档次要高很多，为的就是凸显贵宾的身份地位。

乔家不仅宴席闻名山西，用人也是个顶个的精英：所有用人不仅长相端正，而且头脑灵活，手脚勤快，口齿伶俐。轿夫、木匠、厨师等技术工种，也都是百里挑一，每个人都有一技之长。如此高素质的服务团队，其雇用成本必然高昂。

美味精致的菜肴和体贴专业的下人，自然容易催生出不事生产、游手好闲的纨绔子弟，这也是寻常百姓对大户人家的普遍看法。事实上，这也不能算是绝对的刻板印象，因为生活条件富足加上长辈宠爱，很容易让从小在蜜罐里长大的下一代娇生惯养，导致其不具备继承家业的能力。在教育下一代的问题上，乔致庸很有远见。为了确保在中堂长盛不衰，他开始整顿家风，对子孙进行严格的管教，最后出台了一系列森严的家规礼教，无论是谁都必须严格遵守。

乔致庸的家规中一共有“六不准”，和当时一些堕落的大户人家形成了鲜明的对比。

第一，不准吸毒。

在中英鸦片战争之后，中国彻底沦为英国倾销鸦片的市场，导致毒品在民间泛滥。中国没有了像林则徐那样禁烟并劝导民众远离毒品的人，沿海地区和内地都出现了成片的大烟馆，很多有钱人迷恋上了大烟，结果大烟不仅祸害了他们的身体，还掏空了他们的万贯家财。乔致庸虽然不是创业的第一代，但是他深知祖上创业的艰辛，决不能让乔家的财富变成毒品，更不能让后世子孙变成精神萎靡的“大烟鬼”。不过，乔致庸去世以后，乔家的映字辈中还是出了一个吸毒的乔映南，但是并没有影响到其他人，这对于乔家这样的大门大户来说已经实属不易了。

第二，不准纳妾。

严格地讲，中国古代实行的是“一夫一妻多妾制”而非“一夫多妻制”，妻和妾有着不同的家庭地位和话语权，妻只能有一个，而妾的数量却没有上限。在古代社会，豪门富甲纳妾是司空见惯之事，和吸食鸦片相比似乎也没有那么大的危害。但是乔致庸明确规定不能纳妾，主要是从三点考虑：一是纳妾多了必然会消耗精力和注意力，二是女人多了难免会在后院生出是非，三是子嗣多了会发生继承纠纷。有了这个规定，在中堂的人没有敢纳妾的，哪怕在乔致庸去世以后，新当家的乔映奎也严格遵守。只有同辈人乔映元因为妻子瘫痪无法生育，才在外面偷偷娶了一个偏房——即使是出于这种无奈的原因，乔映元也被乔家人骂了一辈子。

除了不准纳妾之外，乔致庸也考虑到乔家下人很多，可能会引发一些作风问题，于是又明确规定了不准使用丫鬟。因为担心年轻貌美的姑娘会让本家大爷、少爷们分心，既败坏家风又损害名誉，所以乔家一直坚持雇用几十岁的老大妈。

第三，不准虐仆。

封建社会的大户人家有大量的用人，很多用人还是终身制甚至是“世袭制”，基本上每一代人都要给主人干活。虽然也有主仆之间互相关爱的佳话，但下人毕竟是下人，和主人相处久了难免会发生冲突，自然就有心狠的主人打骂甚至虐待下人。熟读史书的乔致庸非常反感虐待下人的做法，因为他知道下人如果被惹急了报复主人，会带来严重的后果。此外，主人一旦习惯了对下人使用拳脚，就会养成飞扬跋扈的性子，不利于成才。因此，在中堂的下人虽然地位并不高，无法和大商号里的掌柜、先生和伙计相比，但是他们的待遇很高，总是受到乔家人的善待，所以百年来没有发生过主仆反目成仇、下人出卖主人的事情。

第四，不准赌博。

在封建社会，赌博是合法的存在，穷人想要翻身会赌博，富人闲着无聊也会赌博。赌博甚至变成了一种畸形的文化现象。然而正如常言所说，“久赌无胜家”，有钱人因为家底厚，会把赌注下得更大，多大的家产都能输得一干二净。为了避免财产损失和后人不务正业，乔致庸严禁在中堂的人赌博，最多是逢年过节一家人打打麻将，筹码也很小，纯粹是家庭内部娱乐。

第五，不准冶游。

从表面上看，冶游似乎不是什么不良嗜好，但是具体到乔家这样的富贵人家，一旦公子、少爷们外出，就等于没有了长辈的管束，很容易惹出风流债或者赌债，最终害人、害己、害全家。所以，乔致庸制定这条规矩本质上是禁止乔家子弟出门放荡，让他们朝着谦谦君子的方向发展。和同时代的其他大户人家相比，乔家子弟大多能修身养性，没有捧戏子或者逛窑子的行为，就是因为他们从小就懂得读书才能陶冶情操，而在中堂也从来没有请戏班子来表演过。

第六，不准酗酒。

适量饮酒对身体有好处，可一旦不得控制就会变成酗酒，伤害的不仅是身体，还有大脑和精神状态，而且醉酒会耽误正事，所以乔致庸禁止子弟们酗酒，只是在重大场合摆上一小杯抿上几口而已。他绝对不允许开怀畅饮、不醉不归。

除了“六不准”之外，乔致庸还对乔家子女的婚配提出了要求，让每一桩婚姻都符合家族利益。虽然这种观念放在今天是万不可取的，但是放在封建社会、放在乔家大院，这也是一种无奈之举。因此，乔家的儿女们大多是和豪门望族结亲，比如祁县的何家、渠家以及太谷的曹家等。这种利益婚姻也许牺牲了个人的幸福，却让乔家和其他大家族结成了稳固的关系网络。不过，这种网络利弊各半：一家兴旺其余借光，一家衰落其余沾包。

当然，维护乔家的商业地位并不能只靠关系，还要从后代的教育抓起。乔家的家庭教育分为两个部分：品德教育和知识教育。

品德教育很有针对性，乔家严禁子弟们歧视穷人。歧视穷人是很多富人家的通病。因为乔贵发就是穷苦出身，所以他十分了解穷人的生活，也给后代留下了训诫："我本是穷人，受尽别人的歧视，后人切不可为富不仁、欺压穷人。"这句话被乔氏子孙牢记在心，他们不仅没有歧视穷人，反而会周济穷人，遇到大灾之年还会开仓赈灾。除此之外，乔致庸还严禁乔家人铺张浪费，他说："有钱不能浪费，浪费则对钱不敬，不敬则得罪钱，得罪钱则受穷。"虽然这句话带一点迷信色彩，却真实地阐述了人与钱的关系，对乔家子弟们有着深刻的警示作用。

知识教育具有乔家特色，那就是学以致用，而不是学而优则仕。因为乔致庸意识到走仕途会耽误子弟们经商，所以知识教育就以获取知识为主，为此他聘请了很多名师来到乔家的私塾里教课。在中堂的子弟们有很高的文化修养，却没有人考虑做官。乔致庸对外结交朝中要员，对内却禁止子弟们走仕途，就是怕他们从政之后一不留神让家族受牵连，所以乔家人多是捐了虚官虚衔，并没有真正进入官场。

乔致庸不仅对子孙有严格的要求，他自己也是一个自律的人，特别是在勤俭持家方面堪称表率。比如饭后漱口，别人都是把漱口水吐出来，乔致庸却是用茶水漱口然后一起下咽，理由是口中食物与胃中食物都是干净的，吐了就是浪费。此外，他只要见到子孙把饭粒扔在桌上就会逼他们捡起来吃干净。

有一年，一个卖黄瓜的农夫来到乔家大院，正好看到乔致庸坐在门口。农夫认识他，知道他是有名的亮财主，于是就问他买不买黄瓜。乔致庸看了一眼，表示黄瓜不错，就是价太贵，等到便宜了再买，让农夫先卖给有钱人。农夫听到这话就笑了，问乔致庸还有比他们家更有钱的人吗。然而无论农夫怎么劝说，乔致庸就是死活不买，农夫只好怏怏离去，还把这件事告诉了别人。大家都说怪不得乔家有钱，因为人家懂得精打细算。

乔致庸把节俭刻在了骨子里，只要一有空他就劝诫在中堂的子弟们：没钱要节俭，有钱也不能浪费，浪费东西不如施舍给穷人，还能留个好名声，因为钱也是通人性的，人对它无礼，它就会对人不逊。后来，这番话就被总结成了“银钱论”，在中堂上下都背得滚瓜烂熟。

无论是乔致庸的“六不准”还是他的“银钱论”，看起来像是对后世子孙指手画脚，其实是在帮助他们规划一条正确的人生之路，而他们的人生之路也关联着乔家的商业命途。虽然这些规矩中难免掺杂了一些封建意识，但总的来说，传统礼教的约束还是能让乔家人走向正途，而走向正途才能让乔家的商业帝国在长达百年的时间内立于不败之地。

◆ 气派的乔家大院

对于乔家的商业传奇，很多人都是从电视剧《乔家大院》中得知的。之所以采用这个名字，是因为乔家大院象征着乔家人曾经辉煌发达的巅峰，同时也因为这座建筑充分代表了中国北方平原地区的堡寨式商宅：整个大院经过几代人的修建，浑然一体，既有高雅肃穆的建筑风格，也有根植生活的朴素情怀。

乔家大院由六座宅院构成，外观整齐划一，很难看出是由几代人陆续修建而成的。乔家大院起初只是位于十字路口的一个老宅院，乔贵发赚钱以后，对其进行了扩建，翻建成一个普通的四合院。后来，乔贵发之子乔全美对整个宅院进行了扩建，形成了偏正跨院的基本格局，跨院就是乔贵发的旧宅。

同治年间，乔家的人口和财富成正比地增加，第三代继承者乔致庸再次对宅院进行了扩建。首先，乔致庸在院子西侧隔巷相望的地方建造了五院的主院，随后又在现有宅院的南侧修建了二院、三院主院的两座单进四合院，后来这两个四合院被称为东南院和西南院。

清朝光绪年间，由于清王朝进一步衰落，民间治安环境恶化，祁县很多富豪都把宅院改造成了可以用于防守的堡寨形式，乔家自然也不例外。在乔致庸的主持下，乔家大院获得了十字路口周边两段道路的产权，南北走向的小巷被改造成三院和五院的跨院；街道也一分为二，北面被改造成一院和五院的外跨院，南侧则作为堡院的内部巷道——巷道东侧是堡门，西侧是祖宗祠堂。由此，原来的四合院样式就变成了堡寨式的宅院。

那么，这个堡寨式的宅院有什么防护能力呢？堡墙的上部建立了更房，用来给值夜人睡觉，还有眺阁，可以观察远处的情况。堡寨的房顶都设置了垛口，可以用来射击。为了便于派人去房顶上战斗还修建了很多通道，它们环绕在整个堡院之内，进出都很方便。可以说，堡寨样式的形成标志着乔家大院的主体格局基本形成。由于整个四合院呈现四角排列的格局，所以当地百姓称之为“囍”字形结构。

民国时期，乔家的人口继续增加，第五代继承人乔映霞和堂弟乔映奎在西南方向新建了四院。由于乔映霞信奉天主教又崇尚西方文明，四院的建筑风格就多了很多西洋味道，比如，出现了用于大量采光的玻璃窗和多层线脚的窗套等。在新建四院的同时，乔映霞还对五院进行了改建，把外跨院和一院的接合处进行了封闭处理，改建成一个现代化的西式客厅。客厅的旁边修建了当时极为罕见的现代化浴室，旱厕也改造成了冲水厕所。虽然融入西洋的建筑风格，但是从整体上看，乔家大院的格局仍然统一完整，并没有任何突兀之感。可惜的是，四院以北的六院本来要改造成花园，却因为日本的侵华战争而被打断，最终变成了“六缺一”的不全格局。

乔家大院的格局恢宏，但和同时代的其他富豪的住宅相比，这并非它的最突出之处，真正让它载入史册的还是它的装饰与规格。

在封建社会，统治者为了体现自己至高无上的地位，实行严格的等级划分，对建筑标准有着硬性的要求，贸然违规就是“逾制之举”，轻则拆除入刑，重则满门抄斩。但是，乔家大院的建筑标准却没有遵循这一套法则，一是因为清王朝对这个问题不够重视，二是因为远离京畿无人监管。

第一个逾制之处是大门开启的位置和开间的数量。根据清朝惯例，北京城只有王府才能在府邸的中轴线上开门，其他官员宅邸只能在宅院的一角开门。但是乔家大院的一院和五院都是“穿心”格局。另外，清朝对建筑的大门和正房开间数量也有严格的限制，只有皇族和高等官员才能享有多开间的大门。因此，乔家的一院和五院的三开间大门和五开间的过厅、正房等也都明显逾制。

第二个逾制之处是斗拱和彩画。明清两代，斗拱象征着尊贵的身份，所以清朝明文规定普通百姓的堂舍“不过三间五架，不用斗拱、彩色雕饰”。但是乔家大院的大门和门楼都大量地使用了斗拱，使用的彩色雕饰更是数不胜数。更严重的问题是，乔家大院还大量使用了“金青色”的彩画，这种彩画上有大量的黄金，而黄色是皇家的御用颜色。

第三个逾制之处是建筑装饰。乔家大院采用的凤纹是最典型的代表。龙凤是民间绝对不能擅自使用的装饰，而在乔家大院却处处可见“凤戏牡丹”“丹凤朝阳”等图案。此外，乔家大院几乎全部建筑的屋脊上都装饰了吻兽，而吻兽也是清朝明文规定不得擅自使用的，可见乔家大院的装饰等级严重逾制。

正是因为乔家大院的装修程度堪比皇家建筑，所以才能在一众晋商大院中脱颖而出，成为中国建筑文化遗产中特殊的存在。

除了逾制之外，乔家大院的另一个装饰特点是南北结合。由于乔贵发早年走南闯北，乔家后来也把生意拓展到了全国各地，所以他们的见识比一般的晋商要丰富很多，也能接受他乡异域的文化。乔家大院呈现出“整体北方、细节南方”的特点，主要表现为三点。

第一，乔家大院的过厅和正房采用了装饰华丽的门楼。这是极具特色的装饰元素，和中国北方的很多建筑截然不同，最突出的就是门楼上的翼角。所谓翼角，是指门楼向上翘起的转角部分。乔家大院门楼的翼角翘起很高，而其他北方建筑的翼角都很平直低调，这代表着乔家人对家族升腾不息的渴望。

第二，乔家的各种雕饰和江南水乡有着千丝万缕的联系。比如四院跨院墙壁间的一块砖雕就非比寻常：右侧是北方常见的凤戏牡丹，左侧则是江南常见的鹭鸶戏莲。这种雕饰描绘的是晋商北往南来的旅途所见，象征着乔家人对未来发展道路的期许。

第三，在乔家大院随处可见的金青画中，鹭鸶、鸭子等水鸟非常多，而这些都是江南水乡的代表。此外，小桥流水的图案与粗犷的黄土高坡建筑外观形成了鲜明的对比，表达了乔家人对美丽水乡的倾慕和向往。

在装饰艺术上，乔家大院也堪称同时期的杰出典范。当然，这种装饰无不体现出商人的心理特征。

首先，精明算计的装修。比如，位于视线中部的地方，很多都采用了工艺复杂的透雕或者高浮雕，不过匾额遮挡的木雕只做出一半，另一半交给人们去想象，从做工和用料上都进行了节约。同时，很多建筑的前檐金碧辉煌，后檐却做了简单处理，既符合人们习惯于聚焦前景而忽视后景的视觉特征，又节省了建筑成本。

其次，招财进宝的寓意。山西的很多民居都有“五子登科”“连中三元”“马上封侯”等和官禄相关的元素符号，代表了封建社会时期人们对人生和家族的最高期盼。对于乔家来说，他们需要是朝中有人而不是自己当官，所以乔家大院里没有顶戴花翎这一类的元素符号，反倒是多了不少和招财有关的内容，比如“游鱼”（有余）、“白菜”（百财）等，还有更为直接的装饰品，比如聚宝盆、摇钱树和金元宝等，这些都强烈表达了乔家对发财的执念。

最后，儒商做派的标榜。因为乔致庸崇尚儒学，所以乔家大院处处体现出古代君子的雅好和气节。比如，四院的正房就有一块琴棋书画的砖雕，还有“岁寒三友”“茶丹经香”等文化符号，表达了乔家人对清雅高洁的名士风范的向往，而随处可见的苍松、修竹、寒梅和幽兰也在渲染着浓郁的文化气息。

当然，乔家大院和中国传统家庭的住宅一样，对吉祥平安的生活也有着真切的企盼，比如大院中随处可见的佛家八宝——法轮、法螺、宝伞、白盖、莲花、宝罐、金鱼和盘肠，在佛家文化中代表着吉祥如意。此外，大院里还有不少吉祥纹饰，用来寄托美好的祝愿，比如春牡丹、夏莲花、秋菊和冬梅组成的四季花图以及香橼、石榴、佛手和仙桃组成的四果图。四季花代表着一年四季喜事不断，而四果图则象征着喜庆圆满。

乔家大院不仅建筑风格在当时别具一格，也收藏了一些珍宝。不过，历经岁月变迁和战乱时局，绝大部分珍宝都已经遗失殆尽。博物馆成立以后，通过不懈努力地搜集，如今已经聚集了五千多件藏品，其中最著名的有九龙灯、犀牛望月镜和万人球。

博物馆目前收藏的九龙灯是两盏，为硬木材质，通体黑红色。此灯的最大特点是由上下两层框架和中部的灯体构成，每一层框架上都雕刻了四条云龙，下部的龙头是底座，可以安放蜡烛。在龙颈的位置上还有一个可以调节龙头的活动关节，能够改变光照的位置，做工十分巧妙。九龙灯点燃以后，九条龙通过灯体的反射好似飞翔在云雾光影之中，十分炫彩惊艳。

犀牛望月镜整体由镜面、镜框、镜托、犀牛和底座五个部分组成。镜框由六段木材拼接而成，形态逼真丰满；镜托呈高浮雕的祥瑞云彩形，十分自然地托起了镜面，极具艺术表现力；犀牛本身雕刻得栩栩如生，回望的牛头好像在观赏天上的明月。每个部件的雕工都十分精湛，用材也极其考究，是一件难得的清代艺术精品。

万人球很像故宫太和殿的轩辕镜，是一个内镀了水银的玻璃球，通过球面反射将屋内每个角落的影像吸收进来，哪怕是一个非常细小的动作也能看清楚。万人球有两个作用：一个是装饰屋宇，增加亮度；另一个就是秘密监控。比如，坐在屋内进行重要的商业谈判时，不用起身观察就能通过万人球了解屋内的状况，如交谈对象是否用了手势和暗号，是否有外人进入房间内偷听等，实用意义大于装饰意义。

乔家大院除了这三件宝物之外，还收藏了一套刻有篆书《文昌帝君阴骘文》的石印，据说曾经为湖广总督端方收藏。这套石印用材考究，所用石料都是田黄石、鸡血石、寿山石和墨玉等名贵上品，加上出自名家之手，价值不菲。不过，乔家收藏这套石印并非古玩投资，而是因为《文昌帝君阴骘文》是当时社会流行的劝人行善的箴言，乔家一直将其奉为道德守则，以此来约束自我。

历经百年的风霜雨雪，乔家的商业传奇已经成为往事，晋商的衰落也成为无法挽回的定局，然而乔家大院却作为这一切的见证者被保留下来，有着“皇家有故宫，民宅看乔家”的赞誉。乔家大院在2002年被国家旅游局评为AAAA级旅游景区，2009年又被国家文物局授予“国家二级博物馆”的称号。乔家大院在历史的沧桑中保留了独树一帜的商业气息和人文情怀，既融合了南北建筑的风格，又兼容了雅俗并存的装饰。如今乔家大院被安静地保存在乔家堡里，远远望去，听到的是一首新旧交替的时代变奏曲，看到的是一幅跌宕起伏的史诗画卷。

◆ 最后的谢幕

在中堂到第六代继承者手中时，人丁还算兴旺，一共生育了二十三个男子。不过这段时期的营商环境很差，导致这些后世子孙再也无法达到前辈们的高度，更何况乱世之中，求安稳是第一位的，谁也不可能再来一场胡麻油之战，所以大多数人都没有值得一提的突出事迹。只有两位继承人身上还有些传奇故事，那就是乔映庚的儿子乔倜和乔映霞的儿子乔健。

乔倜继承了父亲尚武的基因，骨子里充满了冒险精神，从小就是天不怕地不怕的个性。在父亲的引导下，乔倜进入天津南开中学念书，赶上了“九一八”事变。当时全国的民众都激愤地声讨侵略者，乔倜也被深深地感染，和很多热血青年一样投身爱国救亡运动。他放弃了考大学，毅然报考了杭州空军学校。

飞行员对文化素质要求较高，数理化以及外语必须具备基础能力。乔倜仅用了三个月的时间便顺利通过了文化考试，之后就开始了战术课的训练。他努力学习飞机驾驶技术，发誓要在万里长空上抗击日本侵略者。最终，乔倜用两个月的时间学完了本应花费一年半才能学会的战术课课程和科目，随后被选入特航队，也就是专供高层领导乘坐的航卫队。然而，乔倜不满足于这种养尊处优的生活，他想要痛击日本侵略者，于是向上级请求调到郑州的空军战斗部队，从此开始了艰苦的实战演习训练。

1937年，乔家堡的上空忽然响起了“嗡嗡”声，很多人被这声音吸引，跑出来一看，才知道是来了一架飞机。这架飞机很奇怪，好像故意在乔家堡上空盘旋，最后越飞越低。在场的围观群众胆战心惊，因为当时刚发生了七七事变，日本人发动了全面侵华战争，大家都以为这是日本人的飞机，随时都可能发起进攻！

当飞机更接近地面时，人们才松了一口气，原来飞机上印着青天白日旗的标志，这说明是国民党的飞机，于是大家都放心地观赏起了这个在当时还很罕见的东西。人们还没有看够，飞机却已经朝着乔家大院飞了过去，引起了乔家人的注意，他们不知道为何这架飞机要来回盘旋，最后忽然有人喊了一声：“啊哟，可能是倜儿开的飞机！”这句话终于点醒了乔家所有人，他们突然想起乔倜已经成为一名空军驾驶员，于是大家纷纷爬到房顶，朝着飞机挥手致意，而乔倜也操纵着飞机来回摆动翅膀。因为没有地方降落，飞机盘旋一阵以后就离开了。

其实，乔倜这一次来并非闲逛，而是到山西参加忻口会战。他知道此战凶多吉少，所以临行前特意来到自己长大的在中堂和家人告别。不过，乔倜在忻口会战中安然地活了下来，成长为一名优秀的空军飞行员。

日军的侵略野心日益膨胀，乔倜所在的部队一直处于高度备战状态，他们根据战局变化悄悄地驻防在了河北。一天早晨，乔倜奉命到宛平一带侦查日军的情况，就在这时他遭遇了两架敌机，想要返航却为时已晚。乔倜不想暴露基地所在位置，毅然向北飞去，以此来迷惑敌人。日本人的飞机紧追不舍并朝乔倜开火，他的飞机右翼中弹，失去了平衡。原本乔倜有逃生的机会，但是他勇敢地掉头，驾驶烟雾弥漫的飞机朝敌机撞了过去，最终飞机因为燃油耗尽而坠毁，乔倜献出了年仅二十二岁的年轻生命。

如果说乔倜是一位热血青年，那么乔健就是一个时髦阔少。他继承了父亲争强好胜的性格，有着强烈的事业心，也是一个学习努力的有志青年。

1929年，乔健从天津南开大学经济系毕业，回到了乔家堡，此时的他早已被欧风美雨带来的西方文化浸染，所以从穿着到谈吐都很西化。乔健住进雄伟森严的乔家大院以后，总觉得这里有一种压抑封闭的气息，所以他很少宅在家中，一有空就跑到田间旷野玩耍。

在南开大学期间，乔健学会了打篮球并且爱上了这项美式运动，不过乔家堡没有篮球场地，这让乔健十分难受。他马上在村子里修建了一个篮球场，把这项新式的体育运动传遍了整个祁县。后来，乔健还在乔家大院的花园里修建了一个高级网球场，继续向祁县推广新鲜有趣的欧美体育运动。当然，只是打篮球和网球还不过瘾，乔健还喜欢溜冰。入冬以后，他在村西修整了一块田地，然后让用人扳辘轳引水用来灌溉，上冻以后这块田地就变成了溜冰场，乔健每天都让用人背着溜冰鞋和溜冰运动服跟着他。过足溜冰瘾之后，乔健又会换上猎装，扛着猎枪去郊外打猎。不过乔家堡一带没有什么大型动物，最常见的就是野兔，乔健每次都能打到七八只，有时候就用这些食材做野味，有时候也会赏给用人。

作为乔家的末代阔少，乔健享受到了祖上留给他们这些子孙的最后一份奢华与荣耀。在此之后，这一切都被时代的浪潮逐渐吞没，成了不可重现的回忆。

随着中日战争的持续扩大，包头被日本人占领，全国陷入更严重的动荡之中，让乔家的生意越来越难做，就在这时还横生了一场意外。

一天，一个秦家的后人来到复盛公字号，说秦家在这里还有入股，想要清算。当时复盛公的掌柜叫马公甫，知道乔秦两家的交情。不过，秦家很早就不和乔家来往了，账面上也没有查到秦家还有股份。然而这位秦家的后人坚称祖上在复盛公里存了银子，马公甫无奈只好去翻库里的老账。此时复盛公已经有一百三十多年的历史，如果推算到广盛公的时代，那就是一百八十年的历史，查账谈何容易。

按照常理，复盛公不理睬秦家后人也在情理之中，然而马公甫思前想后，认为乔家一向重视声誉，特别是对和乔家一同创业的秦家，如果就这样拒绝了对方，既违背良心也违背商业道德。于是马公甫就带着管账的先生和其他几个伙计，足足查阅了几十天，最终查出了一笔老账：秦家的确在复盛公有一厘二五的股子，已经有四五十年没有分红了。

此时复盛公经营困难，但是马公甫却放出话：再怎么样诚信也不能丢，乔家的厚道名分更不能丢，算出多少红利都要补给人家。于是，几个人又开始敲打算盘，最后给了秦家后人八百元现钱，差不多等于八百两银子，还有一百多匹布料和绸缎。然而让人没想到的是，秦家后人拿了这些钱物两个月就花光了。

中国近现代史是一部革命史，也是一部战争史，乔家的百年基业也在动荡和变革中走向了尾声。虽然乔家的买卖经受住了辛亥革命间接引起的金融挤兑风潮，但是接下来的军阀混战、中日战争以及解放战争等重大历史事件，还是让风雨飘摇的乔家商业帝国备受煎熬。乔家不仅要应对瞬息万变的时局，也要和贪官污吏、强盗恶霸、外国资本等势力作斗争，几乎耗尽了他们积攒多年的元气。

1926年，冯玉祥的国民军向西北撤军的时候，粮饷均摊给了包头的商会，商会又让下面的商号负担。粮饷总额高达两千多万现洋，结果造成了包头市面上银根奇缺，老百姓几乎看不到任何货币，而且物价飞涨，最后逼得包头商会只能发行“金融券”作为代货币。乔家的复盛公、复盛全和复盛西因为这笔粮饷损失了一百多万现洋以及五万多石粮食。当然，从今天的视角看，这也算是乔家为中国革命做了一回贡献。

1949年，新中国成立以后，维持了二百多年的乔家商业帝国最终在历史的洪流中走向了谢幕。因为新中国成立之初中国共产党要进行三大改造，乔家人不得不结束百年基业。最后一代掌门人乔健、乔仡没有因为即将关门就卷钱跑路，而是善待了一直追随乔家的员工们：在清点账目的时候，他们将全部现金一分为二，只留一半给自己，剩下的都分给了员工们，让他们另谋生计。更值得敬佩的是，乔家还把上千间房产和三百多亩水地全部送给了掌柜和伙计们，算是对他们多年来兢兢业业付出的答谢。

至此，乔家所有的买卖和乔家人不再有关系，而是属于社会主义新中国。对于那些消亡在新中国成立前的老字号来说，这已经是一个商业上的奇迹——乔家人苦撑到了一个新的时代，他们所创造的一切并没有消亡，而是融入了社会主义公有制的大家庭里。

一个传承了二百多年的商业帝国的神话收尾了，乔家人光荣、体面也略带一丝遗憾地离开了中国商业的历史舞台。不过后人并没有忘记乔家对国家、社会和百姓所贡献的一切，因为乔家大院的传奇不仅包含着商业智慧，还有为人处世的智慧，更有对人生与社会的哲学探讨，而这些无形的精神财富，远比乔家曾经创造的有形财富更有价值，也注定要流芳百世。

第十章

晋商之秋的几多事

◆ 小城市走出来的商道

近几年，商帮文化再次被提起，很多企业从中挖掘经商之道，也有一些历史文化爱好者出于兴趣对其进行研究。中国在明清两代时期，商业较前几代相比有了明显的进步并根据地域逐渐形成了十大商帮：山西商帮、陕西商帮、宁波商帮、山东商帮、广东商帮、福建商帮、洞庭商帮、江右商帮、龙游商帮以及徽州商帮。

商帮的形成和发展，自然有着深刻的历史原因。当某个行业发展到一定规模之后，如果某个地域的人想要进入这个行业，就必须统一行动，不能各自为战，否则就会一败涂地，小鱼被大鱼吃掉。加上中国由来已久的地域认同感，商帮就在经济活动中逐渐形成了。明清时期，在全国各地可见的“会馆”就是商帮正式形成的标志，这代表着他们有固定的活动场所和固定的商讨问题的习惯，不再以个体或者家族为单位，而是以地域为单位进行交往和协作。

在十大商帮之中，山西商帮（晋商）和徽州商帮（徽商）势力最为强大，在明朝时期两大商帮势均力敌：晋商称霸长江以北，徽商称雄长江以南。到了清朝时期，晋商进一步发展，而徽商却开始走下坡路。造成这种反差的主要原因有两个：第一，晋商在传统的盐铁、粮食、典当以及绸缎行业始终保持强劲的发展态势；第二，晋商能够抓住自我飞跃的机会实现崛起。相比之下，徽商没有深耕某个行业的后劲和决心，也没有赶上高速列车，所以才逐渐衰落。

学术界有观点认为，晋商在中国称霸了五百年：前二百年是明朝时期的临汾、运城、晋城、长治这几个地方的晋商唱主角，他们依靠盐池和铁矿发家，进而迈向全国，具备了极强的竞争优势；后三百年是清朝至民国时期的晋商登场，他们主要分布在祁县、太谷、平遥和榆次等地，依靠的不再是资源优势，而是汉蒙贸易、中俄贸易以及票号金融业，书写了最后也是最高潮的商界传奇。在国际学术界有一种说法，晋商完全可以和犹太商人相媲美，足见晋商在世界范围内的知名度和影响力。

晋商的崛起和壮大成为人们讨论的焦点。晋商凭借“汇通天下”的美名，不仅在中国境内风生水起，甚至把生意做到了国外，成为真正的天下商帮。据调查，晋商提供的金融业务，比欧洲的银行业务早了至少六十年，俄罗斯、法兰西和中亚都有晋商的身影。

晋商起源于山西一座座不起眼的小城，所做之事却关系一方百姓，独特的商帮文化也给现代企业诸多启示。中国学术界对晋商的研究由来已久。早在1992年，山西省文史研究馆就组织召开了晋商文化研究座谈会，相关杂志上连续发行“晋商文化研究专号”，对晋商文化的深入研究让我们得以了解晋商的起源和兴衰。

明末之际，山西地区山多地少，土地贫瘠，荒草丛生，不适宜居住。这里恶劣的生存条件塑造了山西人坚韧不拔、吃苦耐劳的品质。乡土生活难以为继，许多山西人背井离乡开始了卖货郎的生活，这也是晋商崇尚行万里路的缘由。晋商能吃苦，他们也经常这样形容自己：“凡是麻雀能飞的地方都有俺山西人。”

走南闯北的晋商建立了属于自己的交易制度——信用交易，乔家也使用了这种制度。晋商每个季度设立一个标期，用来结算旧账，旧账结算后再放贷新账。如果有商人不守规矩，不结清欠款，不但会失去乔家商号的支持，还会遭到晋商系所有商号的封杀。

晋商间票号的合作模式，成了明清时期的行业制度。在其他商帮各自为战的时候，晋商甚至形成了自己的工会体系，尤其是乔家，有专门的人负责伙计的衣食住行，在一定程度上保障伙计的权益。当然，彼时的工会与现代的工会有很大区别，但在封建社会之下，以乔家为代表的晋商能够想到给予伙计关爱，帮助他们改善生活，已经是跨越时代的壮举了。

除了伙计，乔家等大商号对于小商号也是极为仁慈的。大商号不会压榨小商号，不欺行霸市，也不利用关系排挤同行，反而尽量为小商号提供帮助，让整个晋商系更为壮大和繁荣。与其他商帮相比，晋商避免了各商号间的矛盾，没有采取不正当的竞争方式，使整个晋商系成为一盘棋，每个商号有自己的位置，目标是互惠互利的，而非一方取胜。可见，晋商的成功不是偶然的。虽然身处封建社会，但晋商的想法是超前的。也许他们没有现代的行业观念，但所做之事却在促进整个行业的繁荣。

晋商的行业规模和行业准则是现代企业应该学习的。只有整个行业的生态健康，才能给消费者提供好的产品和服务，让整个行业繁荣有序地发展。如果只考虑自身，不考虑行业发展，商家各自为战，很容易陷入价格战等恶意竞争中，最后的代价不是某一个商家的失败，而是赔上整个行业的前景。

企业与行业之间的关系，像是船只与风向的关系：风向左右着船只的前进，既能让船只乘风破浪，也有覆灭船只的力量。而消费者则是承托船只的江河之水，一艘船能否航行得远，不仅与水流有关，也与风向有关。简而言之，企业与行业的关系应该保持一种平衡，企业与用户之间也是如此，至于倾向于哪一方，每个企业有自己的选择。

在对待消费者方面，除了老生常谈的诚信经营之外，晋商更是采用了薄利多销的经营模式。乔家早期的贸易主要是与游牧民族做的，他们在内地购买大量的生活物资，再通过商队运到边塞，卖给草原牧民，茶叶、布匹、服装、红糖、锅碗瓢盆等都是他们的货物。乔家人深入当地，和当地人做朋友，了解当地人的需求，评判每个地区的消费水准，制定商品价格，但定价都不高。晋商薄利多销的商业模式，并不是每个商帮都学得来，因为晋商大多拥有自己的马队，能够自己长途运输货物，大大节省了运输成本。

晋商在整个贸易环节中，尽量减少中间商的参与，有些物品直接从产地采购，大大降低了成本，这也是许多现代企业的做法。一些有能力的晋商甚至自己建厂生产产品，从产品运输到售卖一条龙，利润翻倍。晋商自己生产的产品，不仅可以卖到草原，还可以销往全国各地。晋商正是依靠这种模式逐渐打开了全国的市场，而这也是现代企业以点带面的做法。

乔家一直是本分的生意人，注重自己的声誉，晋商也是如此，他们从不做牺牲名誉的事情。乔家兴旺的几百年间，“乔家”二字就是一块活招牌，人们选择去乔家的商号买东西，选择去乔家的票号借钱存钱。乔家也没有辜负客户，少有坏账，信誉良好，直到清末时期，社会动荡不安，乔家的问题才开始慢慢显露，展露出颓势。

即便如此，乔家二百年的商业帝国发展展现出了乔家人惊人的经商天赋，它制定了行业和销售的各项规章制度，有着现代企业的影子。以乔家为代表的晋商，不仅形成了早期的批发与零售的概念，同时建立起了庞大的商业网络，让商品在其中流通，完成交易的过程清晰透明，杜绝了内部的腐化。晋商对于商品信息的重视程度，是几大商帮之最，商号与商号之间五天一信、三日一函，做到情报互通。

晋商通过庞大的基础数据网络，随时掌握着商品信息，市面上的风吹草动都逃不过他们的眼睛，这也是晋商长久兴盛的原因之一。很可惜，晋商没能保持这样的市场态度，时间久了，便开始懈怠了，后期对于市场的敏感度也降低了。

晋商的生意不仅做给百姓，也做给小商贩，也就是零售和批发并存的模式，这也形成了最早的批发体系，间接促进了中国贸易的繁荣和发展。

晋商文化不仅是一种商业文化，也是一种重要的历史文化，更是中华文明的一部分。让晋商文化为我所用，不仅代表着可以从晋商文化汲取营养，同时还可以开拓晋商文化，发展关于晋商的旅游业务，让晋商重新活跃起来。

影视剧《乔家大院》的成功，给了人们一个很好的范例。晋商的故事对于百姓同样具有吸引力，讲好晋商故事是晋商文化的另一种传承，对晋商来说具有极大的价值和意义。

晋商是从小地方走出来的，虽然有自己的局限性，但是也有许多引领行业的举措，对行业的维护、互惠互利的商业准则、薄利多销的销售理念都在宣扬着它的与众不同。对于许多人来说，晋商只是一段故事，但是对于企业来说，乔家和晋商不应该仅仅是茶余饭后的谈资，乔家从无到有的过程、晋商对行业的维护都应该引发企业的思考。

◆ 无人不知的晋商

从小地方走出来的晋商，在票号的生意获得成功后，开始加快了发展的步伐。除了自己熟悉的领域和地域，他们开始急速扩张，但是这种扩张速度已经明显超过了晋商本身的发展速度。欲速则不达，商业帝国的建造亦是如此。

从古至今，商业发展与政治系统关系密切，晋商的发展也是如此，但有一点不同：晋商与当权者的关系更加“若即若离”。其他一些商派，在有机会的时候通常会直接加入朝廷，成为朝廷的一分子，而晋商则保持着距离，只做商人的买卖，将朝廷的事和生意的事分开。这种不参与官场斗争也是一种自我保护。

乔家虽然不直接参与政治，但是绝不拒绝政治提供的机会。民国初期，乔家想举办校园庆典，为了扩大影响力，颇费了一番周章，终于请来了当时的财政部部长孔祥熙。有了政府撑场面，后续的一些生意事自然好办多了。更早之时，乔家同样利用清代朝廷的买卖官阶的制度，弄了个“虚设官”，虽然不承担实际性事务，但是在朝廷中也有了保障。

在封建社会，朝廷靠商人完成财和物的流通，也靠商人赚外快，而商人则依靠朝廷官员的权力获得更多的机会。一定程度上，二者的合作对于双方都有好处，却将中间环节的成本和阶级剥削转移到了百姓身上。

新中国成立后，政府开始严厉打击贪污受贿和职务犯罪，让官场变得清白；规范商业活动，给各个商派部分自由以实现经济复苏，同时约束他们的行为，令其有序发展。从前的晋商虽然依靠朝廷，建立起了属于自己的商业体系和商业派别，乔家也逐渐成为首屈一指的商家，但过于依靠朝廷的商业体系太脆弱，变数极大。

正规的商业模式给乔家更多的发展机会，乔家的名号从一个城传播到几个城，再到整个山西甚至全中国。中国的大江南北都有了乔家的身影，也都有了晋商的位置。不过，对于整个晋商系来说，最根本的业务仍然是票号的业务。

票号其实就相当于今天的银行，它的诞生最初是为了解决异地结算困难的问题，后来又增加了存款和贷款的功能，逐渐演变成当时功能最为齐全的金融机构。在票号诞生之前，如果需要异地交易商品，只能通过镖局长途押运才能完成。这种结算方式耗时长且安全性低，而票号的诞生正好解决了这些问题。

当然，票号的汇兑业务是要收费的，但是和走镖相比成本要低很多。打个比方，如果交易十万两白银，至少需要三十匹骡马，脚夫和保镖要六十多人。如果路程是几千里，那么至少要走一个月，各种开销不计其数。相比之下，汇票只要一个人就可以运送，时间至少缩减三分之二。而且走镖往往要抽取百分之十的费用，汇票只抽取百分之五，不仅节省时间还节约成本。

兴盛时期的乔家在山西本地建立总号，在全国各地建立分号，总号对分号有着管理的责任，对分号的建立、人员配置、经营情况、资金调度和收益情况都要全方位掌控，统一执行、统一管理、统一核算，最辉煌的时候还推出了考核制度“结利疲账定功过”。

除了总号的考核，分号也设立了考核制度。考核多以口头报告和书面报告两种形式，书面报告有正报、附报、行市、叙事报和年终报告五种，口头报告则是每日晚上以口头的形式报告给掌柜的，让掌柜的对当日的生意有所了解。无特殊情况时，每年都有两次大掌柜的巡视，大掌柜查看所有商号的经营情况，各个商号的掌柜向大掌柜报告这段时间的经营情况、缴纳钱款等。这些不仅是晋商的考核制度，也是中国早期的考核制度，甚至在现代企业中仍然能够看到这种制度的身影。

票号严格的考核制度，降低了票号内部的贪污风险，保证了票号和客户的利益。为了增加交易的安全性，每个票号有自己的专属印章，精密复杂，难以模仿，而且设立了暗号，只有票号的人才知道，谨防假冒。除了这些之外，一些票号还制定了“见票三五日兑付”和兑换后“汇票即焚”的制度，防止客户钻空子。同时，如果客户的汇票丢失或者被人抢走了，也不必担心被人冒领，因为每个分号之间的信上都保留着持票人的特征说明，单凭一张汇票是无法拿到钱的。

汇票有一套管理制度，票号的资金也有一套管理制度。资金管理相对于汇票管理麻烦了许多，不仅要保障安全，还要考虑到流通性。乔家在山西各地都有票号，每个地方的行情不同，需要掌柜来决定在每个地方存放多少汇票和资金，既不能让大量资金闲置，也不能出现资金短缺的情况。

资金短缺往往会造成用户的恐慌，即便没有发生什么事，也会造成市面混乱。资金的存放问题，十分考验掌柜对于当地市场的了解。另外，为了更加灵活地运用资金，资金的存放量还要根据时局进行调整，这就关系到资金的运输和存放，虽然没有如今银行的安保强度，但乔家已经做到了极致。

票号的开设和关闭也是一门学问。新票号开张后，并不是所有业务都能接，而是从基础业务开始，一点点拓宽。票号的关闭也是，要预留出处理汇票的时间和资金，逐个解决问题后，才能关闭票号。这不仅是对客户的尊重，也是对自己名誉的尊重。对于资金的使用，乔家乃至整个晋商都运用灵活，即使是拿到今日，这套方案仍然适用，这是晋商留给企业的宝贵财富。

晋商之中早就有一套完善的工资制度，与现代销售人员的工资组成相似，不仅员工的衣食住行费用由票号支付，员工还有工资可以拿，同时工资是按年限算的，在票号工作的时间越长拿到的钱越多，干得好的还会拿到票号的股份，每年年底能够拿到分成。

乔家对员工是极好的，有能力的票号每天中午都有肉吃、有酒喝，经常换着菜样做，给雇员的衣服也是好料子做的，虽然不是顶级的料子，但这样的待遇已经优于其他票号和行业了。除了关心员工的身体，乔家也关心员工的心理，对于新来的学徒，不仅教会他们业务能力，也教给他们做人的道理，培养他们的道德感，同时明令禁止学徒吸食鸦片、赌博嫖娼等不良行为。良好的雇佣关系让乔家收获了许多死心塌地的员工，他们在乔家商号的岗位上燃烧自己，奉献自己的一生。

晋商的成功绝对不是偶然，方方面面都透露出晋商的智慧。不仅票号的经营方式让人叹为观止，晋商在其他方面的体系也同样让人印象深刻，比如善于发现人才的聘用制度、赏罚分明的激励制度和优秀高效的管理制度等，都凝结着前人的智慧。晋商从最初的山西生意人，发展到亲朋合伙做生意，再发展到商帮，完成了几次转型才成为今日大名鼎鼎的晋商。晋商作为山西的重要人文风貌，是山西人值得珍惜的宝贵财富。

晋商的决心和毅力，也是他人难比的。纪晓岚有云："山西人多商于外，十余岁辄从人学贸易，俟蓄积有资，始归纳妇。"在宗祠思想严重的封建时代，娶妻生子、延续香火可以说是每个人的人生命题，而晋商则将事业放在了第一位，可见其决心之大。晋商将事业成功放在第一位，源于一种光耀门楣的思想，这种观念带给他们极大的动力和渴望，从而造就了一段段商业传奇。

谈及山西，人们大多会想到煤炭。实际上何止山西的票号荣耀了百年的时光，晋商的成功也承载了几代人的智慧。从无到有，由小到大，晋商似乎特别擅长四两拨千斤。每一家企业都是从小成长起来的，都应该学习晋商，从小处着眼，不要好高骛远，要靠细节取胜。一个看似不起眼的小问题得到解决，背后往往跟着高远的视角和长期的规划，晋商正是凭借这种优势让票号生意成为他们的立命之本。

◆ 晋商没落之时

晋商的大名在历史上闪耀了五个多世纪，晋商人的足迹不仅遍布中国大地，还远至蒙古、俄罗斯、日本和新加坡等地，兴盛之时甚至垄断了中国对这些地方的进出口贸易。晋商的经营范围极广，其中最有名的当数票号生意，它垄断当时的金融业，甚至被称为“汇通天下”。

这样辉煌的晋商，没落之时更令人唏嘘。在晋商逐渐走出历史舞台，带给人们的不应该只有感叹，还应该生发更多的思考。

第一，政治上的压榨。

晋商与朝廷的关系密切，在封建社会中依附于朝廷生存，必然要听命于朝廷，其中的财物往来必不可少。随着政治腐败越来越严重，清政府对于晋商的压榨也越来越严重，晋商虽然有根基，但仍然难以承受。加上中国传统的重农抑商思想，统治阶级对于商户毫不留情，晋商虽然表面上看起来风光无限，得到朝廷重用，但实际上仍然摆脱不掉被压榨的底色：经商权限没有放宽，赋税和灰色地带的“孝敬钱”反而越来越多。后来再加上战争造成的时局动荡，贸易的成本升高，利润降低，风险也更大。在这样的形势下，晋商手中的资金极为有限，资金流转出现了问题，一大批晋商正是在这个时期消失的。

许多学者认为，晋商之所以逐渐走出历史舞台，是因为晋商没有培养起来自己的政治力量，缺少了话语权。商人虽然不能参与和影响政府的商业决策，却能通过与政府走得更近，更快地掌握政策和更多地了解发展趋势。从这个角度剖析，晋商和官场保持距离的结果是远离了特权，只能得到有限的庇护，算是埋下了没落的伏笔之一。

第二，眼界的狭窄。

晋商的没落不仅有外部因素，也有内在原因，最突出的就是晋商后期的发展方向背离了初衷。很多晋商在发达以后，把大笔的资金用于整修祠堂，或是为了安全埋起来。据说，日本入侵山西之时，从乔家的屋底下挖出了几十万两银子。由于眼界的局限性，乔家虽然有充足的资金流，却并不用来投入实业，而是用来满足自己的虚荣心。当新时代来临时，乔家等晋商依然保留着浓厚的封建礼教思想，不敢拓展新的领域，只愿意固守在舒适区。以这种不思进取的态度自然无法应对多变的市场和时代，以乔家为代表的晋商于是失去了竞争力，走向没落。

第三，传统思维的束缚。

晋商的商业文化是融合了儒、道、佛等多个文化派系的，也处处体现着传统思想对他们的桎梏。中华文化对于商业的态度一直是抵触的，士农工商的排位更是将商人放在了最末的位置，商人也经常给人“无利不起早”的印象。这种偏见不仅存在于统治者和百姓心目中，商人自己也逐渐被洗脑了。

新中国成立后，晋商等一批旧时代商人没有迅速转变观念，仍然沿用老一套思想面对新时代，反而是一些没有经商之道的人更能适应经济的变化，晋商甚至整个山西的经济形势也由此没落。虽然后期山西依靠煤炭资源实现了经济增长，但在其他经济方面并没有起色。

经济特区设立之后，开放政策的实行使得沿海地区吸引了很多外资，经济也实现了飞速发展；而位于内陆的山西只有煤炭资源，吸引不到任何外资，加上随后几次经济政策的重点都不在山西，山西的经济形势开始逐渐走下坡路。虽然沿海和内陆的不同区位会影响当地的经济发展，但并非决定性因素。以瑞士为例，它虽然处于内陆，却在很多行业成为佼佼者。作为面积不大的小国，瑞士经济十分发达，尤其是旅游业，一度成为各国经济发展的典范。

第四，国际局势的变幻。

晋商的没落与历史大环境密切相关。晋商的鼎盛时期是在明清时期，他们依靠实物贸易构建了商业帝国，通过与朝廷的合作和诚信可靠的经营之道建立了信誉。随后晋商通过积累的财富大力发展金融，从而影响了全国经济。但是，随着中国半殖民地程度的深化，原有的贸易结构发生了变化，特别是《中俄陆路通商章程》的签订，使俄国人在中国享有许多特权，并迅速抢占了北方的茶叶市场。晋商从红火的一百二十家迅速缩减到四家，失去了和俄国人进行茶叶贸易的市场，严重地折损了锐气。

随着陆路交通和水陆交通的发展，晋商失去了自己的优势，垄断地位也被终结了。随着茶叶贸易一同倒下去的还有贩盐的生意。贩盐的生意一直是朝廷掌控的，只有和朝廷关系密切的商人才有资格贩盐。贩盐的利润巨大，因此许多商人铤而走险，贩卖私盐。朝廷当然严厉打击这种行为，所以许多商人对于贩盐“爱而不得”。而多数晋商因为和朝廷交好，有了贩盐的资格。商家卖盐收取铜钱，而朝廷收盐税收的是白银，铜钱的价钱经常上涨，白银的价格经常下落，中间产生了巨大的差价，这部分利益当然也进了盐贩的口袋。但是清末时期，铜钱的价格不再上涨，白银外流造成价格上涨，中间的差价就由盐贩承担了，贩盐的利润自然大打折扣，很多时候甚至成了赔本的买卖。

影响更大的还包括中国经济重心的变化。在两次鸦片战争以后，中国被迫开放了沿海十几个口岸，打破了之前闭关锁国的状态，中国的市场也从东部转移到沿海地区，而山西则失去了原有的市场枢纽地位，最后被边缘化。

晚清时期爆发的甲午战争、八国联军侵华战争以及辛亥革命，让仍然有些家底继续放贷的晋商遭受了最后一击——金融挤兑风潮，很多借贷人因为死亡或者失联而无法偿还债务，造成许多坏账死账，晋商仅剩不多的元气也消耗殆尽了。

第五，官办银行的冲击。

1897年，中国通商银行正式建立。1905年，大清银行正式开办，随后陆续出现了二十个官办银行，抢走了山西票号的大部分业务。官办银行不仅资金雄厚，而且享有多项特权。山西票号根本无法和国家资本抗衡，从此江河日下，只能吃一点残羹剩饭，风光不再。

第六，用人危机。

晋商的用人制度一直为人所称道，但随着人员队伍的扩大，东家没有时间和精力面面俱到地考察每一位员工，于是一些不合格的掌柜或伙计被招了进来。这些掌柜因为手中大权独揽，一旦奢靡成性，就会中饱私囊；而一些懒散的伙计把心思用在吃喝玩乐上，导致很多商号的工作秩序混乱，从上到下混吃等死。这种混乱的管理体制自然也加速了整个晋商的没落。

第七，自然灾害。

清末民初时期，自然灾害频发，晋商失去了天然的经商环境，曾经炙手可热的资源因为各种灾害的频繁发生变成了稀缺品，自然就失去了市场竞争力。

晋商在晚清到民国时期的没落，主要体现在金融行业的边缘化，这间接拖垮了晋商的其他生意，因为金融维系着市场的正常运行秩序。当然，这种边缘化并不是一天发生的，而是有着发生和发展的迹象，加之众多外部因素，当时的晋商完全有机会预见到自己的未来。只可惜大多数晋商并没有意识到问题的严重性，或许五百年的辉煌让他们太过自信，从而浪费了破局突围的机会。直到最后一家铺子关门，晋商才意识到大事不妙，乔家也开始寻求突围之法，然而为时已晚。

特定的历史条件成就了晋商。在军事和政治的双重保障下，晋商曾有过极为辉煌的一段历史。但时移势迁，晋商也随着旧王朝一同走向了没落。在国家资本和西方资本的共同冲击下，晋商的票号变成了句号，宣告着晋商时代的结束。

当然，晋商没落，原因不止上述这些，是由多种因素共同造成的，是一个漫长的过程。清政府本身的羸弱之躯，让所有构建在其之上的存在都飘摇不已。在西方经济的冲击下，中国的经济处于下滑状态，加上晋商自身的软弱性和局限性，往日的辉煌不复，而这些不该被历史忘记，应该成为今天一些企业和行业的警示录。

◆ 沉淀下的晋商文化

《乔家大院》是一部风靡一时的电视剧，它以乔家大院为故事背景，介绍了一代传奇晋商的成长、痛苦与挣扎，使观众在领略扣人心弦的故事情节之时，也对乔家产生了浓厚的兴趣。剧中的乔家并非杜撰而来，而是有真实的原型的，以乔家为代表的晋商，更是中国经济历史上浓墨重彩的一笔。乔家这支迅速崛起的晋商，从山西老城走向全国，也将晋商文化带到了全国。

晋商的成功不仅是中国历史上的一段传奇，同样给现代企业带来很多启示。从山西走出来的豆腐生意，由最初的小作坊发展为一个商业帝国，乔家大院所代表的晋商已经形成了完善的管理和培养体系，在团体利益分配上的制度也值得借鉴。

从最初的一个人走街串巷发展到后来上百人的商号，乔家逐渐丰盈着自己，也形成了独特的管理体系和用人体系。对于商号的管理，他们采取分责任承包的制度，具体人负责具体事，哪里出了问题找哪里。无论商号遇到什么问题，都能够精准定位，快速响应，尽快解决问题。除此之外，乔家对于任命的各位掌柜，采取“用人不疑、疑人不用”的原则，在权限内给他们最大的自由，让他们充分发挥自己的聪明才智。这样的举措能够让每个商号保持活力，但也容易出现过于懒散的问题，这也是现代企业所面临的。目标制度和汇报制度的出现解决了这一问题，但要注意的是，对部门和个人进行点评时，要考虑整体水平，不要只在乎一个月的业绩；要看他们为企业带来了多少能量和价值，而不是只看每个月的数字。

对于利润的分配，每个企业都有自己的原则，乔家也不例外。从乔氏第一代开始，乔家就一直被称为“好东家”，就是因为他们懂得用钱留住人才。这么做虽然看似有所亏损，但留住的人才为企业创造了更大的价值，投入产出比立见分晓。

乔家的生意之所以能扩大，除了优秀的经营体系外，还因为乔家尤其善于借力打力。乔家主动与官府合作，有了官府的大力支持，也就少了许多后顾之忧。这并不是让如今的企业也效仿乔家，一味寻求官方的庇护，而是企业应该在商业公平原则的基础上，紧跟国家政策，响应国家号召，这样才能在瞬息万变的格局中找到自己的位置，顺势而为才能做大做强。在改革的浪潮中，许多产业或企业都是这样成长为龙头产业或企业的。

独木难成林，在商业中也是如此。乔家在稳定经营形态之后，便开始拉拢其他经营者共同形成产业链，做大规模，占有更多的市场份额。这样的抱团发展，让乔家在面对危机和竞争者时更有底气。不仅是乔家，在整个晋商之中，团结是一个尤为重要的特征，这也是晋商文化长久传承的秘诀。对于现如今的中小企业来说，肆虐的新冠肺炎让各行各业都变得处境艰难。面对低迷的市场，各企业更应该抱团取暖，化零为整。除了普通消费者，产业链内部也处处是商机，也可以进行买卖。

在常年经营发展的过程中，晋商系也涌现出很多发明创造。比如为了便于运输和保存而制作的砖茶，虽然不能算是起源于晋商，但其加工方法和运用方向的确和晋商有关，直到今天依然是茶叶市场上一个特殊的存在。还有著名的“没奈何”，即为了防止土匪抢劫打造的超重量级银锭——足有千斤之重，谁抢到手也难以搬走。虽然今天看来有些可笑，但它就是真实地存在于晋商的历史中。

晋商的文化中也有很多有趣的风俗。比如一些晋商特别喜欢狗，并发自内心地尊重狗，这是因为狗当年帮助晋商运送书信，传递了重要的商业情报。送信的狗活活累死，晋商则因此大赚了一笔。后来，晋商为了纪念狗的功劳就大批量地饲养狗并给予优厚待遇，过年时还会给狗吃肉，而人则要喝粥，甚至还给狗分了一股用来开支。

提到晋商，人们总是用“以德报怨”来形容他们，实际上用“以德治商”来形容他们更为贴切。晋商对关公十分崇拜，所到之处都有关公像。晋商的商号也都秉持着“重信义，除虚伪，贵忠诚，鄙利己，奉博爱，薄族恨”的原则，也正是因为这种坚持，晋商才能脱颖而出，成为中国传承时间最久的商业帮派。但随着清末民初时局的变化，晋商也跟时代洪流中的大众一样，难以自保，便也渐渐舍弃了关公的忠义气魄，不免让人唏嘘。

历经百年，虽然晋商早已没落，但其形成的晋商文化依然在中国的商业活动中延续。无论是线上还是线下，都能见到晋商文化的影子，比如吃苦耐劳的进取精神、诚信待人的商业道德、知人善任的用人策略、严谨做事的行事准则等，这些都是晋商文化开枝散叶的成果。

如今，人们探寻晋商文化，不仅是要再现那段商业传奇，也是想给今天正在走下坡路的企业一些启示，希望这些企业在新的时代环境中重振雄风，再度成为行业的佼佼者，正如当年叱咤中华的晋商一样。当然，想要完成这个目标，那些没落的或者上升不顺的企业，就必须建立属于自己的文化体系（晋商文化就是可以参考的样本），因为缺失了文化的商业，真的就会溢满铜臭味，无法获得属于时代的新基因和丰沛的血液。

总而言之，晋商的核心文化就是一句话：商业化的儒家文化。这个“商业化”既是行业需求，也是时代需求，是儒家文化在新时代和新领域的活学活用和融会贯通。或许，晋商文化的内核过于简单，但正因为简单，才容易融入其他新的土壤之中，才具有更强大的适应力和生命力。只要真正理解了晋商文化，就能用这种看似隶属于封建时代的理念指导今天的商业活动。儒家精神不死，晋商文化就有传承的空间和机会。

◆ 今时今日仍然适用的晋商之道

晋商的身影消失在历史的尘埃中，但晋商的经营之道仍然是可继承的思想财富，有心者能通过它来解决今天的现实问题，因为经营之道有相同之处，无论时代如何发展、市场怎样变化，精髓往往是不变的，可以给今天的经营者带来茅塞顿开的启迪。

第一，建立地缘优势。

回顾晋商的起源，我们可知它与明朝迁都一事关系密切。当初，朱元璋曾将南京作为明帝国的政治中心，但他去世后，朱棣上位。为了严防北方边境被游牧民族侵扰，朱棣决定迁都到北京。而山西是从陕西到北京的必经之路，除了陆路交通，水路交通也十分发达，沿岸的经济情况都随着迁都好了起来。可见，交通是成就晋商的一大因素。

对于如今的企业来说，地理位置依然有特殊作用。不要因为网络的存在而忽视了线下，毕竟人们的很多现实需求和线下密切关联，找到一个优越的地理位置可以让企业的发展进入快车道。

第二，“弯路”可能更赚钱。

山西的自然资源比较匮乏，加上人多地少，许多山西人都靠经商谋生，而他们大多选择包头作为第一站。这并非因为通往包头更便利，而是因为包头是山西与关外的连接点，不仅路远而且难走，也就意味着在交易中可以适当抬高价格。许多在包头做生意的晋商因此赚得了人生的第一桶金。

如今，一些企业只想着赚快钱，只顾着看眼前，却忽视了一些基本的商业法则和长远利益。这是一种短视行为，只能在特定的时间内赚一笔小钱，却无法建立长期的盈利模式，而适时地转换视角和思路，说不定就能打开新的市场，发现新的商机。

第三，读书有用。

对于乔家来说，乔家的成功不仅是从山村乡野到城市生活的转变，也不仅是从平民到涉及政治的改变，更重要的是对经营之道的掌握和后世子孙获得的教育资源，从乔贵发开始完成了几代人的跃级升迁。这在当时的封建社会是极难的——统治阶级占有大量资源，处于被剥削和被压迫阶级的人们根本没有反抗的力量。即便是成为商人之后，生活富裕起来了，乔家依然备受压榨。乔家想改变现状，想有更广阔的天地。虽然起初的乔家人没有读过书，但是他们寄希望于后代身上。

乔家开始培养自己家里的读书人，从最开始的培养自家子弟，到在所有票号都倡导读书，很长一段时间里，乔家商号弥漫着浓厚的文化氛围，这使得乔家的生意更红火。一方面，乔家依靠文化的力量结识了许多文人墨客，通过这些文人，乔家完成了自身形象的转变，同时也获得了更多机会。另一方面，读书让乔家人更有了底气，培养出更优秀的商业人才，在面对产品做决策时更有把握，在管理方面也更有优势。乔家是少有的建立起自己管理制度的商号。拥有完善的管理体系让乔家成为十大商家之首，让乔家屹立几百年不倒。此外，文化氛围塑造了乔家诚信可靠的形象，让更多百姓欣赏和信赖他们。

优秀的企业都有符合自身形象和特征的企业文化，它虽然不能直接产生财富，但是可以培养产生财富的土壤，这个土壤中既包含了人才，也包含了工作氛围，更包含了一个企业的商业信仰。如果没有企业文化，企业就无法凝聚员工，也无法建立起长远目标，会在竞争和发展中迷失自己。

第四，信义无价。

信义是商业活动中的基石，也是乔家一直坚持的经商之道，甚至乔家的兴起也是因为“讲义气”。晋商尊崇关公，代表着晋商对于仁义的坚持。关羽从一个无名小卒变成刘备的结义兄弟，辅佐刘备建功立业，面对诱惑不曾动摇，这也是乔家希望每一代人能够做到的。乔致庸总结的乔家商道中有这么几点：“气忌燥，言忌浮，才忌露，学忌满；胆欲大，心欲细，智欲圆，行欲方。”旨在告诫后代子孙做事要外圆内方、有原则，先做人后经商，先有义后有利。

回想乔贵发当年与秦兄弟创业，两个人虽然在经营上产生过分歧，但依然合作共赢，依然能够在对方落难时出手相救，这就是对信义的最好诠释。以信义为纽带，晋商之间才结成了巩固的联盟，形成长期的合作关系，实现稳定的收益。与其他票号诚信合作，达成共赢，这不仅是乔家人希望做到的，也是晋商的目标。

虽然很多企业把“诚信”二字挂在嘴边，却无法在实践中落实，这也是一些企业做不大、变不强的关键。诚信看似无用，却能让你拥有无形财富，用它可以创造有形财富。而且，信义对企业经营者也有激励作用，能够帮助他们在面对挫折、进行抉择时找到答案。

第五，利益上善待队友。

晋商不仅有“相与”的合作方式，更有制约“相与”的“联号制”制度。每家店不仅有东家，还有掌柜，钱权分离，避免专权，用大商号制约小商号。另外，还拿出一些股份，分给掌柜和伙计们，让他们更有干劲，促进商号的良性发展。

现在很多企业的合作关系，主要依靠的还是临时的利益绑定，一旦利益关系分解就会形同陌路，毫无情面可留。实际上企业经营应该有一点“侠义精神”。这并不是鼓励现代企业感情用事，而是让企业在产品质量过硬和良好服务的基础上更具“人情味”，企业间的合作应当在利益的基础上培养合作意识、承担合作责任。这一点可以学习晋商如何善待“相与”。

第六，科学的经营和管理机制。

乔家商号曾经使用的经营系统，即使放在今日也仍然适用，尤其是它的人员选拔机制和培训机制，具备了今日银行聘用和培训机制的雏形。可以说，乔家商业帝国在明清时期就已经建立完整的商业运营模式，不仅适用于当时的环境，在今时今日仍有可取之处。一家小票号的运作与几十家票号的运作模式是不同的，小票号只需要对自己负责，而变成大生意之后，往往是牵一发而动全身。乔家在建立商业帝国的过程中，生意越做越大，经营方式也随之发生变化，经营权和所有权完成了不同程度的分离和转化，共享财富的模式打破了雇用模式的僵局。

进入21世纪以后，中国成为名副其实的创业大国，一批中小企业如雨后春笋般冒了出来，其中不乏优秀的中小企业。但是这些企业主身上总有一股“草莽”之气，他们干劲十足，但在发展到一定规模之后丢掉了后劲，这是因为他们没有建立起一套属于自己的企业制度。

第七，把握机遇。

乔家的兴起正是靠一个个关键节点的选择，他们选择站在朝廷的一方，利用朝廷的力量丰富自己。明朝洪武年间，为了解决军饷问题，明朝廷延续了宋朝的做法，积极推行“召商输粮而与之盐”，意思是让商人将粮草运往边境交给朝廷，朝廷会给这些商人盐引，凭借盐引，商人可以到指定的盐场领取食用盐，再到指定区域去贩卖。政府与商人互惠互利的合作方式，吸引了一大批晋商的加入，更有甚者，哪里有驻扎的军队，哪里就有随之而至的晋商。后来贩盐的商人过多，不仅影响了盐的买卖，而且影响了部队的驻扎，朝廷才改“开中法”为“折色法”，即直接付给运粮商人银两。贩盐的生意虽然比不上票号业务，但也在短时间内给晋商积累了大量财富；虽然后期成为一种拖累，但前期着实给晋商带来许多机会。

乔家是清代晋商发展的巅峰代表，让晋商之名传遍全国乃至世界，当然乔家也得益于晋商这座大山的默默支持，由此才缔造了乔家的商业神话。归根结底，聪明的经营者需要可以施展才能的舞台，也需要能迅速崛起的机遇。

对于今天的企业而言，机遇往往大过努力，因为这是一个充满变数的时代，各种风口随时都会改变行业格局，做出正确的选择就能够加速自身的发展。虽然我们提倡奋斗者精神，但奋斗者也不能一直埋头苦干，抬起头看看周围的环境，或许就能发现新的商机。

如今，中国经济舞台上的大批企业都是跟随时代洪流、响应改革政策成长起来的。机遇并非时刻都有，当机遇来临，考验的是管理者的魄力和企业的实力。乔家曾经无数次把握住了机遇，但当时代变迁、改革到来后，乔家却没能走向更大的舞台，而晋商也是如此，不免让人深感惋惜。所幸的是，后人没有忘记乔家，也没有忘记晋商。晋商的精神不灭，乔家的故事不断，只是换了一个地域、一个人名而已，因为这些都是“道”，蕴藏着挖掘天下财富的奥义，也包含了行走为人的真理。所以，它值得延续和永生。

后　记

◆ 乔家大院赋

鲲鹏振翅啸，艳阳喷薄出。光芒耀乔宅，笔底惊雷乔家赋。

民居看乔家，古宅新颜驻。气势恢宏兮巧思专注；底蕴厚积兮中华风骨！亭台楼阁，雕梁画栋，木砖石刻，精雅古朴。牌匾照壁，典故层出。庭院深深，井然有序，大气兼具神韵，雄浑不失气度。家训森然迎面扑，三晋传奇乔家谱。

秋河曙耿耿，寒渚夜苍苍。细雨梦回星移处，口外驼铃传天际。乡关帝国家犹在，乔家霸业誉华夏。

绝世芳华，释道出儒，晋商茶丝布九路。贵发当年拉骆驼，奋徒步，唯念关山远，不觉返路长，人迹罕至处，踏平坎坷途。后辈继往，缘起武夷山，行至恰克图，马帮穿梭，物流潮起，架万里国际通途。

乾隆年间乔全美，起建主楼立窗枢。祥狮如意六合顺，老院曾经是书塾。致庸当家兴土木，明楼竣工奠格局。晋商韬略，泉涌财富。信为重，誉得人，赈灾护国，义薄云天。渊深之智尽解商路崎岖，振兴复字号，汇通天下金玉铺。慈禧仓皇乔家堡，十万白银十亿赎。人丁兴旺大家族，翻盖院落整体矗。

踱步院中叩窗扉，故园探首待君问。恍见当年繁华景，一樽陈酒遥自娱。下兰台而周览兮，步从容于史迹。殿堂似天造兮，望穹庐而意悠远。翡翠协翼，鸾凤和鸣，刻木兰，饰文杏，雀替瓦当兼垂花。瑞兽扑跃，花木扶疏。起妙思，举帷幄，观众行列毕昴出。修竹檀乐夹池水，恍如隔世散古香。或曰：

殚吾辈之思虑兮，立中华之大观。建广厦之嵯峨兮，颂神州之盛世。构锦世之宏丽兮，缘汉唐之遗风。设斗拱之繁杂兮，尽巧匠之精工。琢飞檐于碧空兮，若腾龙之矫健。陈奇石于丽园兮，赛鬼斧与神工。植异草于甬道兮，胜琼苑之天然。登层楼而极目兮，览四海之宁静。承华夏之奋起兮，歌物阜而民丰！

欲效古人站楼台，伸手一举摘星辰。岁月沧桑举目现，五千文物熠生辉。商道南北三千里，气压西域盖杀虎。

今有华都驻古宅，辉赫基扃忻崛起。唐氏银龙高彪炳，系出寒门擅拼搏。下江南，闯关东，征途漫，丹心豪义。诚实守信，义利并举，胸怀宽广，目光远大，敏于商情捕战机，多元发展驾战车。古今一理若金石，继往开来续辉煌。伟大复兴，一带一路，因势利导，握瑾怀瑜，自可厚德载物，以济不世之功；上善若水，而为苍生之本。驰誉霞蔚风云起，蛟龙出海天下小。擘划未来锦绣程，睿信义盟福道亨。欲立丰功建伟业，龙骧凤翥勠力搏。鹰击长空豪情抒，雄立潮头胆气横！

梦境琅嬛，神往乔院，频次谒之，意未尽而心不舍。惟愿：古城新貌，砌记风流；盛世欢颜，万民共瞩；欣欣向荣，众望所归！

◆ 乔冯烧麦赋

词曰：斜风细雨清角寒，疏柳淡烟媚清滩。晓梦花事初阑珊，宝马香车寻清欢。蓬花一拢烧麦至，葳蕤乔冯，倾城惊艳。

乔家先祖乔贵发，大漠驼铃冰月悬。千辛万苦至归化，疲饿困乏不堪言。一笼烧麦裹饥腹，自此结缘美食恩。久为异乡客，此味常不足。恰逢商途顺，财路广通喜连连。吉祥烧麦财运开，常思意难忘，缕缕梦魂牵。几经辗转风雨度，痴心不改志益坚。终将美食带故里，举家欢腾乡邻慕。原汁原味又创新，一笼烧麦誉三晋。致庸俊赏，酷爱烧麦胜前辈。开轩敞铺分店立，发扬光大自成彰。慈禧西逃至平遥，乔家烧麦忙供奉，佛爷食罢心大悦，回京常思解馋急，乔家烧麦成御贡。乔家烧麦，金字招牌历久弥新。

喜看稻椒千重浪，遍地英雄下骄阳。餐饮大师冯耀龙，情有独钟，乔家故里。但慕乔家超凡事，多费思量，孜孜以求，物我两忘，五年探访乔家院，每踏青砖悟不同，伶俜萦苦辛，巧思若泉涌。一举独创，乔冯烧麦，古今传承一脉通。天道酬勤，硕果累累，潜心研制，超越先贤，继往开来，谱锦绣华章。乔冯烧麦旌旗展，餐饮新贵耀世出。拟把美味倾心献，一了夙愿，以飨民众。幸福喜悦伴此味，不枉初衷。融合古风与现代，精雕细琢，华丽登场。

阳光雨露，造就美味。浑然天成，人亦从之。

手艺技法，丰润食感。只因乔家底蕴深，家风商训如根植。乔冯烧麦，已远超食之本义，是感悟求索，坚韧拼搏，亦是精诚博爱。

赏器之精美，品味之真纯。寻史之足迹，感艺之精深。如若轻风明月，芳草微薰，松涛远奏，雁阵时闻。弦歌抒意，曲水流觞。饮食为人生之本，烹饪以大道传真。乔冯烧麦，呕心沥制，匠心独具。万民同欢心相印，炉火纯青筑品牌。细腰叠裙，青白透明；亭亭玉立，香气盈堂。拟用三生烟火，换这一刻迷离。美好而不自知。诗曰：

晋蒙食渊长，塞北麦初黄。青笼藏玉待醍醐，盘箸纷纷笑语闻。水晶皮莹亮，银粉馅脂香。笼揭氤氲漫，远飘味悠长。美哉食不忘，诗情赴碧霄。醉饱高眠真事业，此生有味在三余。

陌上花开可归矣，欣然圆梦快朵颐。褶如流苏鲜花盛，团团锦簇芙蓉开。皮白清透如蝉翼，心生怜爱不忍食。鲜美入喉通体泰，万里归思最解愁。红尘滚滚千般爱，剪剪轻风醉迷人。吟唱幽韵，品佳悠馨。煌煌哉，此必经典，熠熠然，赏心悦目。天佑食族，得享美味。

探源饮食文化，弘扬国粹精华。饮同人生百味，烹与沧桑共存。欣欣然乐在盛世，飘飘然吟月流觥。赞曰：

清新可人莲叶畔，形如石榴底似币。爽口清润颊齿香，滋养身心世无双。走心走胃优越感，美食巅峰致此生。人生若只如初见，乔冯烧麦胸襟抒：山河正好风华茂，齐策马，诗会友，豪情载酒赴天下。塞北风雪，鸿雁列阵，旷世天涯。锦绣繁华收眼底，踌躇满志立春秋！

冯耀龙（乔家大院系列美食品牌创始人）

附　录

◆ 冯耀龙在中华乔氏宗亲2019年新春联谊会上的讲话

各位朋友，各位女士，各位先生，尊敬的乔梁会长，尊敬的乔夫主席，来自全国各地的乔氏宗亲家人们，大家好！

今天，我们欢聚一堂，举行隆重的中华乔氏宗亲2019年新春联谊会！我作为特邀代表出席如此重要和隆重的联谊会，感到非常荣幸和自豪。我代表内蒙古文化艺术研究会，代表乔夫主席，代表乔家大院系列美食文化品牌研究发展联盟，对各位的到来表示热烈的欢迎和最诚挚的谢意！

有诗云：黄沙漫漫水迢迢，舟运茗茶驼运绡。聚得白银富敌国，赢得美誉尽夸乔。

乔家大院先祖几代人的呕心沥血，乔家人几百年的风雨沧桑，成就了雄霸天下、富甲一方的伟业，铸就了不朽的中华晋商文化之魂。

在此，我们要感谢乔家先祖们给我们乔氏后人和中华民族留下了这份宝贵的物质财富和精神财富。没有乔家先祖们的艰苦创业和不懈奋斗，今天我们就不会有这份荣耀，也不会有这个机会相聚在一起。所以，今天我们要怀着虔诚之心、敬仰之心，向我们乔家的先祖们深深地致谢！向他们深深地鞠三躬！

乔家大院先祖们的做人做事之道是今天我们做人做事之楷模，是中华民族精神文化财富之瑰宝。吾辈当携手同行，把乔家大院文化发扬光大，造福子孙，惠泽众生。

十多年前，自从我看了《乔家大院》这部电视连续剧之后，便对乔家大院以及乔氏家族文化产生了浓厚的兴趣，于是开始了乔氏家族综合文化的研究之旅。结果，越研究，兴趣越浓，越研究，越感到乔氏家族文化的博大精深。

2015年春节过后，我突然产生了一个大胆的想法——我要弘扬乔家大院以及乔氏家族的深远文化！可是从哪儿入手呢？在那之后差不多半年的时间里，我陷入了深深的思考！2015年8月底，在北京大学的弟子游学班开课之前，我突然灵感乍现：我要开发乔家大院系列美食文化品牌并落地实体店。

于是我和乔家大院以及乔氏家族的缘分真正开始了！

为了挖掘乔家大院的综合文化以及乔家美食的历史文化，从2015年9月1日到现在，我亲自跑来乔家大院53次之多，访问乔家后人100多位，查阅乔家大院历史文献十几处，虽然花费不少，路途奔波，但我不辞辛苦，以此为乐。

2015年10月18日，第一家由我原创的以乔家大院文化为依托和背景的乔家烧麦在银川西夏万达如期开业了！开业后的首家乔家烧麦，生意异常火爆，每天翻台排队，排队翻台，真是财源广进，日进斗金。而且在西部迅速发展壮大，不到一年就有超过10家连锁店。2016年，我又到哈尔滨开设了乔家烧麦东北区样板店，一开业又异常火爆！

在这期间，乔家烧麦品牌受到众多食客的追捧和青睐，也受到我们乔家人的鼎力相助。于是，2017年下半年，我决定回到包头——乔家大院的发源地，落地乔家烧麦。

经过半年多的筹备运作，乔家烧麦包头旗舰店于2018年4月1日盛大开业！开业后的乔家烧麦包头旗舰店生意也异常火爆，车水马龙。

这期间，我开始酝酿策划第二个和第三个乔氏美食品牌，也就是乔氏老馆子和乔府家宴。

与此同时，我也开始进一步联系乔氏后人，共同打造乔家大院系列美食品牌，因为我个人的力量是有限的。

在这个过程中，发生了一件非常好的事情：现任乔家大院董事长的唐银龙先生专程来包头拜访我！他被我对乔家大院系列美食品牌的热爱和付出深深感动，于是我们不断互相走动，不到半年时间就成了很要好的知心朋友。

在策划乔家烧麦包头旗舰店的时候，我就酝酿着等乔家烧麦包头旗舰店开业稳定后，就来乔家大院本部选地方，把乔家烧麦以及乔家大院系列美食品牌逐步搬进乔家大院内，让乔家堡的乔氏家人吃上自己先祖流传下来的经典美食，让祁县百姓吃上乔家的美食，让山西人吃上乔家的美食，让全世界的游客朋友吃上乔家的美食。

真是机缘巧合，乔家大院唐董事长也有打造乔家大院系列美食品牌的夙愿，乔氏家族后代的精英们也有继承和弘扬乔氏家族美食品牌的愿望，比如我们的乔梁会长，乔峰秘书长，乔鑫董事长，乔立华大哥，乔秀丽女士，河南乔彬会长……很多很多乔家后代的有识之士都有这个强烈而美好的愿望！在这里就不一一列举了！

朋友们，古人云：珍惜才会拥有，感恩才能天长地久。我们今天有幸成为乔家的传人，作为外姓的我们有缘与乔家结缘，我们都应该珍惜这来之不易的、得天独厚的、由乔家先祖创造的无价的精神财富，珍惜我们能够研究和发扬乔家文化的机会，感恩乔氏先人们给我们留下的宝贵财富。而感恩惜福的最好体现就是我们联合起来为传承和弘扬乔家的文化做一点实事。

我们计划在乔家大院餐饮商业一条街建立两个乔氏家族美食品牌，一个是乔府家宴，一个是乔家富渔，并在呼和浩特市建立一家乔家烧麦，三家店面总投资1280万元，将于2019年5月中旬开业。具体投资策划书，会另行发到有意愿投资的朋友手里。

朋友们，乔氏宗亲们，今天乔家大院这份宝贵的精神文化已经不仅仅是属于乔氏家族的宝贵财富，而是属于全中国和全人类的宝贵财富。愿我们共同努力，一起行动，把乔家大院和乔氏家族文化发扬光大，落地生根，造福天下，惠泽众生。谢谢大家！